本书得到教育部人文社会科学基金项目（项目编号：17YJ
国家自然科学基金项目（项目编号：71673127）资助

经济管理学术文库·经济类

农村劳动力流动、生产要素重配与农业生产效率研究

A Study on the Relationship of the Rural Labor Flow,
Variation of Factors Structure and Agricultural
Production Efficiency

朱丽莉／著

经济管理出版社
ECONOMY & MANAGEMENT PUBLISHING HOUSE

图书在版编目（CIP）数据

农村劳动力流动、生产要素重配与农业生产效率研究/朱丽莉著.—北京：经济管理出版社，
2019.9

ISBN 978 - 7 - 5096 - 6269 - 4

Ⅰ.①农…　Ⅱ.①朱…　Ⅲ.①农村劳动力—劳动力流动—关系—农业生产—劳动生产率—研究—中国　Ⅳ.①F323.6 ②F323.5

中国版本图书馆 CIP 数据核字（2018）第 288112 号

组稿编辑：曹　靖
责任编辑：朱江涛
责任印制：黄章平
责任校对：董杉珊

出版发行：经济管理出版社
　　　　　（北京市海淀区北蜂窝 8 号中雅大厦 A 座 11 层　100038）
网　　址：www. E - mp. com. cn
电　　话：（010）51915602
印　　刷：北京玺诚印务有限公司
经　　销：新华书店
开　　本：720mm×1000mm/16
印　　张：11.75
字　　数：177 千字
版　　次：2019 年 9 月第 1 版　　2019 年 9 月第 1 次印刷
书　　号：ISBN 978 - 7 - 5096 - 6269 - 4
定　　价：68.00 元

前　言

　　伴随我国农村劳动力流动政策改革步伐加快，我国农村劳动力流动程度显著提高，农村人口迁移规模快速增长，农村劳动力外出务工规模显著增长，农村劳动力就业行为发生了重大变化。在这样的形势下，我国农业生产也发生了重大变化：农业劳动投入数量快速减少，农业生产结构也发生了较大变动，农业机械使用数量与使用方式也发生了显著变化等，农村劳动力流动对农业生产的影响日益显现。为此，本文将着重研究农村劳动力流动对农业生产的影响，探讨农村劳动力自由流动趋势下我国农业要素结构的变动规律，分析我国农业生产要素配置的经济效应，探讨劳动力自由流动形势下加快农业技术进步、促进农业发展的路径。通过大量的实证分析，研究得出以下结论：

　　第一，农村劳动力流动对农产品供给行为产生了显著影响，但是农村劳动力不同流动方式的影响程度与影响路径存在较大差异。劳动力流动对农产品产量具有重要影响，但不同变量的影响差异较大，非农就业均对农业生产具有显著负向影响，而人口迁移对农业生产反而产生了一定促进作用。就具体影响机制来看，非农就业提高了农民的生产投入能力，对农产品平均产量具有一定正向作用，但对农产品播种面积产生了负向影响，从而对农产品总产量产生影响；农村人口迁移在一定程度上改善了农村的人地关系，增进了农业生产的规模效应，对农产品播种面积产生了显著正向影响，从而促进了农产品总产量的增长。

第二，农村劳动力流动对我国农业生产要素配置结构产生了重要影响，对农业劳动投入产生了显著的负向影响，促进了耕地、机械与化肥对劳动的替代，但是农村劳动力不同流动方式的影响存在显著差异。在详细考察我国农业生产要素结构变动特征的基础上，从总量层面测度了耕地、劳动、机械与化肥四个要素关系的变动，进而实证分析了农村劳动力流动对农业生产要素投入结构与要素替代关系等的影响。结果显示：①近十年来我国农业生产要素投入结构发生了重大变化，农业生产要素利用方式也发生了重大变化，农业生产结构发生了显著变化。②劳动、耕地、机械、化肥的产出弹性大于零，其中劳动对农业生产的作用程度最大；从耕地、劳动、机械、化肥四大要素的替代弹性变动来看，耕地与劳动的替代弹性较大，机械、化肥与劳动的替代弹性均较小，而且这样的特征出现增强的趋势。③农村劳动力流动对我国农业生产要素配置结构产生了重要影响，对农业劳动投入产生了显著的负向影响，促进了耕地、机械与化肥对劳动的替代，但农村劳动力不同流动方式影响差异较大。农村人口迁移变量对耕地与劳动的替代弹性、机械与劳动替代弹性产生了显著影响，而非农就业变量对机械与劳动替代弹性、化肥与劳动替代弹性产生了显著影响。

第三，农村劳动力促进技术改进型的农业技术进步，对农业技术效率的作用并不显著，甚至产生了一定负向影响。围绕农村劳动力流动与农业技术进步变动关系展开研究，分别从单要素产出率与全要素生产率角度，测度了我国农业生产效率的变动，进而实证分析了农村劳动力流动对农业生产效益的影响及产生的机理。研究结果显示：①从单要素的产出率变动来看，不同要素的产出率差异较大，耕地产出率、劳动产出率与种子产出率出现了相对稳定的增长趋势，而机械与化肥产出率出现了一定的下降。②我国农业技术进步具有较强的技术改进型特征，农业生产率增长主要是由技术变动引起的，而技术效率相对较低、增长缓慢。2001～2010年，我国粮食生产率指数的平均增长率为3.4%，其中技术变动指数的增长率为3.1%，而技术效率指数的平均增长率仅为0.3%。③农村劳动力流动变量对农业生产效率产生了重要影响，农村劳动力流动促进了技术改进型农业技术的进步，而对农业技术效率、规模效益影响较弱，但不同变量影响程度差异较大，农村人口迁移对农业技术进步具有一定促进作用，而非农就业与农业技术进步却呈现一定的负向关系。

综合来看，随着我国农村劳动力流动程度提高，农业劳动力机会成本显著增长，农业生产的雇佣劳动工价与自用劳动工价均出现了快速增长，从而使得农业劳动用工数量快速下降，这也促使农业生产要素配置结构发生了显著变动，尤其促进了劳动密集度低的作物生产、强化了机械与化肥对劳动的替代，进而使得粮食作物生产面积持续增长、粮食作物生产结构发生较大变动、农业机械使用方式发生较大变动。在农村劳动力流动性日益增强的形势下，为实现我国农业发展、粮食稳定增产的目标，应充分考虑到农村劳动力流动带来的影响，尤其是其对我国农业生产经营方式、农业生产要素结构、农业技术进步的影响，进一步明确了我国农业发展尤其是农业技术进步面临的约束，这样才能有效避免农业生产投入动力不足、劳动投入快速下降等产生的不利影响。为此，应进一步完善农村劳动力流动政策，加快农村土地市场建设，健全农业生产支持政策，加快农业生产技术进步的步伐，加强农业专业服务组织的发展等，推进我国农业生产从传统型向现代型转变。

目　录

第1章 导论

1.1 问题提出

对于发展中国家的农业发展来说，始终不可回避的现实问题是经济发展过程中农村人口转移与农业生产稳定，以及农产品产量增长的可持续性问题，对于人口众多的中国来说，这无疑具有极强的现实意义。虽然众多发展经济学的经典理论阐释了农村劳动力转移对农业生产产生的各种可能影响，但就中国现实情况来看，农村劳动力流动伴随着较明显的要素与产品市场的改革过程，农业生产的决策环境可能发生较大的变化，由此需要进一步研究农村劳动力流动对农业生产的影响机理。

从我国经济改革历程来看，农村市场改革具有较强的市场化特征，即以劳动力自由流动的要素市场化改革和以粮食流通体系改革为特点的农产品市场化体系改革。就农产品市场机制的发展来看，自2001年粮食流通管理体制市场化改革逐步深入后，我国农产品市场体系发生了重要变化，农产品市场价格形成机制、农业生产的市场调节机制基本形成，市场价格对农业生产的影响日益凸显。就劳动力流动约束来看，伴随经济体制的不断推进，我国农村劳动力流动环境发生了重大变化。尤其是进入 21 世纪以来，我国农村劳动力转移政策发生了重大变化，逐渐由限制流动转变为鼓励流动，农村劳动力自由转移的约束越来越少，农村劳动力流动环境得到极大改善。随着城镇化进程加快、户籍制度改革的深入推进，中小城市、小城镇特别是县城和中心镇落户条件将得到极大改善，农民市民化政策优化推动了农村人口向城镇永久性转移，由此可见，我国农村劳动力流动趋势仍将持续较长时间。

自改革开放以来，尤其是近十年以来，我国农村劳动力流动步伐显著加快，农业从业人员总量及比重均呈下降趋势，非农部门就业人员总量及比重均呈增长趋势。1980～2010 年，我国乡村人口总量从 1980 年的 8.1 亿人持续增加到 2010 年的 9.38 亿人，增长了近 1.3 亿人，增长幅度达到近 16%；乡村从业人员总量从 1980 年的 3.18 亿人持续增加到 2010 年的 5.32 亿人，增长了 2.14 亿人，增长幅度超过了 67%；农业部门从业人员总量出现了先增后降趋势，农业部门从业人员总量从 1980 年的 2.98 亿人增加到 1999 年的 3.29 亿人后，持续下降到 2010 年的 2.77 亿人，但是农业部门从业人员占乡村从业人员的比例基本处于下降趋势，从 1980 年的 93.63% 持续下降到 2010 年的 52.01%；非农部门从业人员总量从 1980 年的 2027 万人持续增加到 2010 年的 2.55 亿人，增长了 2.3 亿多人，非农部门从业人员占乡村从业人员的比例保持着持续、快速的增长趋势，从 1980 年的 6.37% 持续增长到 2010 年的 47.99%，增长了近 7 倍。

但从农产品产量变动来看，近年来尤其是 2004 年以来，我国主要农产品产量保持了连续增产态势，主要粮食作物也保持持续增产。2004～2011 年，全国粮食总产量连续 9 年维持在 5 亿吨以上。在粮食生产面积变化不大的情况下，2011 年全国粮食总产量达到 57121 万吨，创历史最高水平，比 1949 年增产近 4 倍，比 1978 年增产 70% 以上。2011 年，我国谷物产量达到了历史最高水平，达到 51939 万吨，与

1990 年相比增产超过 9000 万吨，比 2000 年增产接近 900 万吨；与 1990 年相比，稻谷增产超过了 900 万吨，比 2000 年增产接近 1000 万吨；与 1990 年相比，小麦增产超过了 300 万吨，比 2000 年增产接近 200 万吨；与 1990 年相比，玉米增产接近 1000 万吨，比 2000 年增产接近 600 万吨。

由此产生的疑问是，在农村劳动力流动性增强、劳动力转移规模不断扩大的情况下，农产品产量为什么能够实现持续的增长呢？为此，我们首先需要明确当前我国农村劳动力流动与农业生产的关系到底处于刘易斯模型阐述的哪一阶段，难道我国农村劳动力还处于无限供给阶段吗？当然，在劳动力流动背景下影响农产品产量增长的原因很多，可能的原因主要有：一是农业生产投入要素组合调整，如果其他生产要素可以有效替代劳动力，那么实现增长是可能的；二是农业技术进步，若农业生产能够实现快速技术进步，农业生产效率、单产水平可能增长较快，以抵消劳动力外流产生的负向影响，当然劳动力流动因素也可能影响农业生产效率、技术进步，不过影响方向有待验证；三是其他因素的影响，如政府补贴政策、气候环境等因素，这些因素的变化显然也可能对农业生产产生重要影响。

虽然理论上可以给出很多可能的原因，但是在我国农村劳动力流动规模不断扩大的趋势下，农村劳动力流动对我国农业生产到底产生了什么影响？如何影响？关键的问题是我国农业生产增产的趋势能否持续，这是我国经济发展现实与理论界都必须面对与回答的问题。虽然大量的理论与实证研究阐述了劳动力流动对农业生产的影响机理、影响程度，但从中国经济改革历程来看，中国存在以劳动力自由流动的要素市场化改革和以粮食流通体系改革的农产品市场化改革，在农村劳动力流动性增强的同时伴随着快速的经济体制改革过程，农业生产的经济社会环境发生了重大变化，而人口增长与经济发展导致的粮食需求却呈现刚性增长趋势，这样农村劳动力流动与农业生产关系问题逐渐引起众多学者的关注。为此，本书将系统研究农村劳动力流动对农业生产的影响，探讨农村劳动力自由流动趋势下我国农业要素结构的变动规律，分析我国农业生产要素配置的经济效应。首先，从农业生产供给反应行为角度出发，分析农村劳动力流动对农业生产带来的影响，以明确农村劳动力流动与农业生产变动的关系；其次，分别从农业生产要素配置结构与农业技术进步的角度，深入研究农村劳动力流动对农业生产影响的机制。在经济转型过程中，这种分析可以分析出农村劳动力不断转移的趋势下农业生产要素结构变动的特点，把握住市场化形势下农产品供给及生产调节规律，为探索提高农业生产效率、提升农业生产能力、促进农业发展提供有益的参考。

1.2　研究目标

研究总目标：系统研究农村劳动力流动对我国农业生产的影响，探讨在农村劳动力自由流动趋势下我国农业要素结构的变动规律，分析农业生产要素配置的经济效应，进而提出在劳动力自由流动趋势下加快农业技术进步步伐、促进农业发展的建议。研究的具体目标如下：

（1）回顾农村劳动力流动政策演变历史，考察农村劳动力流动状况，明确农村劳动力流动方式与流动程度，分析在农村劳动力流动背景下农业发展的基本特征。

（2）构建农村劳动力流动对农业生产影响的计量模型，分析市场化条件下农村劳动力流动对农业生产的影响效应及影响路径。

（3）考察我国农业生产要素结构变动，研究农村劳动力流动对农业生产要素结构变动的影响，分析农村劳动力流动对农业生产要素关系的影响机制。

（4）测度农业技术进步的变动，分析农村劳动力流动对农业技术进步的影响及产生机制，明确农村劳动力流动对农业技术进步的影响路径。

（5）探索在农村劳动力自由流动趋势下加快农业技术进步步伐、提高农业生产效率、促进农业发展的途径与措施。

1.3 研究思路与技术路线

1.3.1 研究思路

农业生产受到众多因素影响，包括农户供给行为、自然条件、农业政策等。从农户生产行为来说，农户粮食供给行为是一个动态调整过程，当外部生产环境发生变化时，如劳动力流动性增强或非农就业收入提高等，农户粮食生产行为将发生较大变动。从农户的就业选择与收益比较来看，劳动力流动将通过相对收益比较、生产技术与效率改进、价格预期等效应影响农业生产。总体来看，农村劳动力流动可能通过三种机制影响农业生产：一是农村劳动力流动增加了农业生产的机会成本，从而影响农业生产投入要素配置结构，进而影响农业技术变动。二是农村劳动力流动可能提高农业生产规模，促进农业生产的专业化、规模化发展，加快农业生产技术的采用与效率的提高，提高农业生产效率，促进农产品产量增长。当然，农地流转未必会促使劳动力转移，但农地流转而形成的劳动力失业或待业等问题更容易导致土地利用效率降低。若土地流转受到约束，劳动力流动可能导致的土地利用效率下降将更加显著。三是农村劳动力流动背景下，农产品市场价格调节机制对农业产生影响。为此，首先，本书综合分析了农村劳动力流动对农业生产的影响，明确了农村劳动力流动对农业生产的方向以及影响路径；其次，分别从农业生产要素结构与生产效率角度，深入研究农村劳动力流动对农业生产影响的机制；最后，探索农村劳动力流动趋势下加快农业技术进步步伐、提高农业生产效率、提升农业生产能力的途径与措施。

1.3.2 技术路线

本书的技术路线如图 1-1 所示。

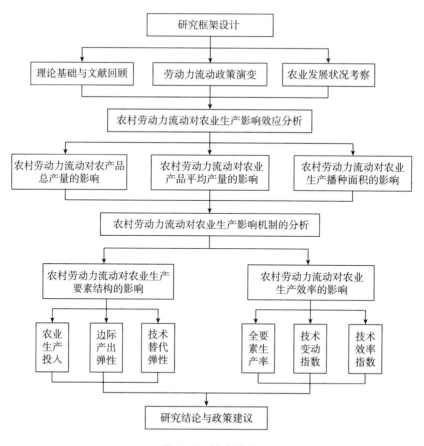

图 1-1 技术路线

1.4　主要研究内容

根据此次研究目标，本书主要采用实证研究方法展开研究。具体来讲，本书将运用描述性统计分析方法、经济计量等方法探讨农村劳动力流动对农业生产的影响，以及如何影响，并着重从结构要素变动与农业生产效率两方面分析。

第 1 章是导论。本章首先介绍研究背景；其次，提出问题，明确本书要解决的主要问题；再次，阐述研究总目标和各具体目标；又次，说明本书的研究方法和研究内容；最后，提出本书的创新与不足之处等。

第 2 章是理论基础、文献回顾与研究框架。本章着重回顾并总结了发展经济学、劳动力流动相关理论基础，并对农村劳动力流动与农业生产方面的相关文献进行综述。在此基础上，分析了研究机理与研究框架。

第 3 章是当前农业发展的形势及面临的问题。本章着重阐述了农业发展新形势、农业生产条件及贸易条件转变，以及农业发展面临的问题等。

第 4 章是农村劳动力流动与农业发展状况分析。在考察我国农村劳动力流动政策演变的基础上，分析农村劳动力流动状况，并考察我国农业生产基本状况、农业生产条件、农业生产成本与效益结构。

第 5 章是农村劳动力流动对农业生产供给反应的影响。构建农产品供给调节的计量模型，利用省域动态面板数据，采用动态广义矩估计方法实证分析农村劳动力流动对我国农业生产的影响。

第 6 章是农村劳动力流动对农业生产要素结构的影响分析。详细考察了农村劳动力流动背景下我国的农业生产要素结构变动，运用超越对数生产函数定量分析我国农业生产要素替代关系变动，进而实证分析农村劳动力流动对我国农业要素结构变动的影响。

第7章是农村劳动力流动对农业生产效率的影响分析。结合农业生产要素结构变动，考虑农业生产要素产出率变化，综合运用非参数Malmquist指数方法估计农业生产效率变动，进而分析农村劳动力流动对农业生产效率的影响。

第8章是研究结论与政策建议。在论文分析的基础上，本章总结了本书的主要结论，并提出相关政策建议。

第 2 章 理论基础、文献回顾与研究框架

2.1 理论基础

　　经济发展进程中劳动力转移对农业生产影响的问题引起众多学者关注。古典经济学派早在 20 世纪中期，就对农业劳动力转移问题展开了深入研究，其代表人物是古典经济学派刘易斯建立的刘易斯模型，在刘易斯模型框架下的基础上，费景汉—拉尼斯放宽了农村劳动力边际产出近乎为零的假说，综合考虑农村劳动流动对农村劳动力边际产出的动态影响效应，并将劳动力转移分为三个阶段展开深入研究。发展微观经济学的家庭决策模型从农户决策行为入手，综合考虑劳动力市场的均衡条件变动对农户决策和其他因素均衡状态的影响，包括消费决策、生产决策，以及农业生产要素结构、技术变化、产量等，这为本书提供了扎实的理论基础。

2.1.1 刘易斯二元经济模型

阿瑟·刘易斯（1954）开创了劳动力流动对社会经济影响的基础研究。该模型提出以下假设：第一，对于资本、自然资源稀缺的国家来说，由于劳动力众多，所以劳动力边际生产率非常小或为零，甚至为负数；第二，由于人口众多，存在着无限劳动力供给，所以工业部门工资水平保持不变；第三，企业家不断扩大再生产，需要吸收更多剩余劳动力到工业部门就业。在这过程中，资本家可获得更多剩余价值。

刘易斯理论假定：发展中国家主要由农业部门和相对农业部门有较高劳动生产率的工业部门组成。由于工业部门工资水平相对较高，农业部门剩余劳动力不断向工业部门流入。工业部门工资会在一定时间维持不变，直到农业部门剩余劳动力被完全吸收。

如果工业部门要扩大再生产，只需现行工资水平，就可以雇用到所需的劳动力，以此促成工业部门的发展。只要农业部门还存在剩余劳动力，那么劳动力转移、工业部门扩张就会持续，直至农业剩余劳动力全部流向工业部门为止。当农业剩余劳动力被工业等部门完全吸纳，经济就实现了二元经济向经济一体化转变。

刘易斯理论对发展中国家劳动力转移问题做了较深入的研究，为以后理论奠定了基础。但是刘易斯理论也存在以下几点不足：一是只划分为农业部门和工业部门，但实际上还存在第三产业。二是仅局限于分析对工业部门生产规模及资本扩大的影响，忽视了投资与资本密集型行业，将导致吸收就业人口降低，农村劳动力转移将中断。三是忽视了城市存在大量失业劳动力，而刘易斯理论假定城市劳动力充分就业，这与现实不符。四是刘易斯理论假定劳动力市场是完全竞争的，但是城乡之间的劳动力流动市场是非完全竞争的，存在一定程度的市场分割；另外，工业部门的工资水平是不断变化的，并不是保持不变的。五是刘易斯理论没有分析农村劳动力转移对农村发展的影响。

2.1.2 费景汉—拉尼斯模型

针对刘易斯模型的缺陷，费景汉与拉尼斯（1964）发表了著名的论文《劳动剩余经济的发展：理论和政策》，在该模型中费景汉与拉尼斯将经济发展划分为三个阶段，并深入研究了二元经济发展与变动三阶段演变特征，这通常被称为费景汉—拉尼斯模型。在该模型中，二位学者认为要使劳动力流动得以持续，就需要保证农业的快速增长，才能满足越来越多非农劳动力对农产品需求的快速增长。显然，在没有农业技术进步和农业投资增长的情况下，农业发展可能将停滞甚至萎缩，农产品价格上涨，这必将引起非农产业工资水平快速上升，从而可能降低非农产业的利润水平，这又使得非农产业对劳动力的需求出现停滞。因此，必须不断提高农业劳动生产率，才能实现经济持续稳定地发展。

在这样的思路下，费景汉与拉尼斯将经济发展分为三个阶段。第一个阶段：农业劳动力无限转移阶段。由于农村存在大量剩余劳动力，工业部门只需要支付较低工资水平就可以获得劳动力，而农业生产不会因为劳动力转移而下降。第二个阶段：农业劳动力转移规模不断扩大与工资增长的阶段。随着劳动力转移规模扩大，导致农村人均土地面积开始提高，农业的边际产出也逐渐增加，农业劳动力的平均生产能力将出现增长，这将导致工农两部门的贸易条件发生显著变化，从而对农业生产产生有利影响。第三个阶段：农业剩余劳动力全部被吸收阶段。费景汉—拉尼斯理论认为，当农业劳动力流出总量超过了劳动力无限供给界限，那么农业总产出就会减少。因此，当粮食价格上涨时，这将导致劳动供给曲线转为逐渐上升趋势。此外，工业部门劳动力需求的影响因素不仅包括资本积累率、技术创新等。

2.1.3　家庭经济模型

根据发展微观经济学理论，农户家庭经济模型包括农户家庭成员的效用方程和考虑了家庭的预算约束。为简单起见，假定农户家庭只包括一个成员，只生产一种农业品种，生产活动包括农业生产活动和外出经济活动，总产出作为消费 c 的来源，并从消费 c 和闲暇 l 中获得效用。在家庭经济模型中，假设每个家庭都面对完全竞争的产品市场，该家庭可以在自己的土地上从事农业生产，生产函数为 $F(L, A)$，农产品的价格为 p，劳动力的工资水平是 w，耕种农地面积是 A，包括自有土地投入和购买的土地投入。家庭所用的劳动力是 L，包括自身的劳动投入和雇用外来劳动投入。E^L 是时间禀赋，E^A 是家庭土地禀赋，r 是土地市场价格。家庭在最大效用化过程中选择消费 c，消费品价格是 P，闲暇是 l，从市场雇用的劳动力为 L^h，购买的土地是 A^h，家庭自己的劳动力是 L^f，向市场出租的土地是 A^m，家庭自己所用的劳动力为 L^f，家庭自己用的土地是 A^f。家庭的效用最大化方程与约束条件包括：

$$\text{Max}U(c, l) \tag{2-1}$$

$$Pc + wL^h + rA^h \leqslant pF(L, A) + wL^m + rA^m \tag{2-2}$$

$$L = L^f + L^h \tag{2-3}$$

$$A = C + A^h \tag{2-4}$$

$$E^A = A^f + A^m \tag{2-5}$$

$$E^L = L^f + L^m + l \tag{2-6}$$

其中方程（2-2）表示消费支出、雇佣劳动与土地支出总额不能超过农业产出、劳务输出和土地租借所得的收入总和；方程（2-3）、方程（2-4）、方程（2-5）、方程（2-6）是资源约束，分别表示农业生产所用劳动约束、所用土地约束、家庭总土地约束、时间禀赋约束。把方程(2-3)、方程(2-4)、方程(2-5)、方程(2-6)代入方程(2-2)可以得到：

$$Pc + w(L - L^f) + r(A - L^f) \leqslant pF(L, A) + w(E^L - L^f - l) + r(E^A - A^f)$$

进一步整理可以得到：

$$Pc + wl \leqslant X + wE^L + rE^A \tag{2-7}$$

其中

$$X = pF(L, A) - wL - rA \tag{2-8}$$

方程(2-8)表示农户家庭农业生产的利润总和，方程(2-7)是农户的消费收入预算线，表示农户消费支出不能超过农户家庭禀赋价值与农业生产利润总和。因此，农户决策的最优化问题就转化为在方程(2-7)限制下，方程(2-1)的最大值求解问题。

即 $\mathrm{Max} U(c, l)$

s. t. $Pc + wl \leqslant X + wE^L + rE^A$ $\tag{2-9}$

其中

$$X = pF(L, A) - wL - rA$$

由此可以发现，效用最大化问题即农户的消费最大值求解过程，X 最大值求解也是农业利润最大化过程，在完善、完全竞争的市场情况下，利润最大化的决策变量是土地、劳动力，农户效用最大化过程的内生变量是产品和闲暇消费支出。对式(2-8)中的 L、A 分别求偏导，就可以得出农户生产利润最大化的必要条件。

$$f_L(L, A) = w/p \tag{2-10}$$

$$f_A(L, A) = r \tag{2-11}$$

由于市场是竞争充分的，所以 L 并不受 l 的影响，由于生产决策并不包括 c 和 l，由此可见，生产决策并不受消费决策影响。农户生产的目的是利润最大化，而最大化后的农业利润再作为农户消费的预算限制线。

从式(2-9)可以发现：在预算限制下，效用最大化的平衡条件是：

$$U_l/U_c = w/P \qquad\qquad (2-12)$$

最终作为农户生产和消费平衡的必要条件之一。从式（2-10）和式（2-11）可以得出如下均衡条件：

$$pf_L(L/A) = w = P(U_l/U_c) \qquad\qquad (2-13)$$

这一等式可以由图2-1加以表示。在图2-1中，从左侧坐标来看，纵坐标表示农业产出水平，横坐标表示劳动力投入水平。从右边坐标来看，纵坐标表示实物消费水平，横坐标表示闲暇消费水平。L与A之间的部分表示农业劳动力投入水平，A与B之间部分表示非农就业劳动力投入水平。B与l之间部分表示农户的闲暇消费水平。以上三部分的总和表示农户全部的时间总和。

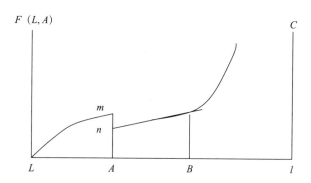

图2-1 农户生产—消费模型

在A点满足均衡条件：$pf_L(L，A) = w$，在A点m和n两部分曲线并不重叠，却出现了阶梯形变化，这主要是因为农业总产出要扣除雇佣劳动和租赁土地的成本支出。而在B点的均衡条件为：$w = P(U_l/U_c)$。由于对于农户来说，价格变量p和P均是外生变量。所以，当农户的劳动力能够自由地在农业、非农产业、闲暇消费间自主分配时，农户决策的均衡条件就为：$pf_L(L/A) = w = P(U_l/U_c)$。当工资水平$w$

增加时，就意味着 A 与 B 之间绝对值、斜率均有所增加，这也意味着 $f_L(L, A)$、U_l/U_c 有所增加。

2.2　国内外研究综述

2.2.1　国外相关研究综述

随着发展经济学研究重点转向市场不完善，劳动力流动新经济学理论（Stark and Bloom，1985；Stark，1991）被广泛运用于分析农村劳动力流动行为。劳动力流动新经济学理论认为由于农村劳动力市场、资本市场与风险市场等存在不完善，所以农户通常面临着资金流动性和风险的双重约束。根据已有研究来看，劳动力流动主要通过以下途径影响农业生产：

（1）资金回流机制（Croll and Huang，1997；Wouterse and Taylor，2008；等等）。这些研究认为，农村劳动力外出务工能够提高农户的资金投入能力，降低资金对农业生产投入的约束，进而对农业生产产生影响。当然，这种正向影响也受到农户特征、地域特征等诸多因素影响，尤其对于欠发达地区农户来说，相对贫穷农民的资金约束较强，而相对富裕农民的资金约束较弱，农业收入占比较低，因此，回流资金的提升效果对不同农户的影响必然不同（Croll and Huang，1997）。Wouterse 和 Taylor（2008）研究发现农户资源禀赋结构对资金回流效果也产生影响，他们的研究发现拥有的土地结构、农具数量、灌溉设施等要素差异均对劳动力回流资金的作用效果产生影响，而且不同类型农业生产受到影响的程度存在较大差异。

（2）农业生产性资产投资机制。就劳动力外出务工与农业生产投资关系的研究没有达成一致的观点，不同学者、不同国别的研究得出的结论差异较大。Mines 和 de Janvry（1982）研究发现不同类型农户对外出务工收入的支配方式存在较大差异，对于外出的农户来说外出务工收入主要被用于直接消费，而非用于农业投资。部分研究将研究重点聚焦在外出务工对农业生产性投资影响上，得出了不同结论。Lucas（1987）研究非洲国家情况发现，农户外出务工能够促进生产性投资的增加。但是，Wu 和 Meng（1997）利用中国农业总量数据研究发现，农户非农收入份额与农业生产性工具购买支出间存在显著负相关。Quisumbing 和 McNiven（2007）对菲律宾的实证研究表明，外出务工带来的劳动力流失与汇款流入对农户的农业资产并没有产生显著影响。这个结论得到了 de Brauw 和 Rozelle（2008）研究的支持，这两位学者研究得出由于较富裕村庄的农户拥有更好的投资机会，投资方式与投资预期收益也较高，这就使得农户外出务工与农业生产长期投资间的关系变得很复杂。

（3）农业生产结构调节机制。农村劳动力流动将引起劳动力机会成本发生改变，这样农户在农业生产中的劳动力投向将发生改变，导致劳动密集型农业生产下降，从而对农业生产结构产生影响（Taylor and Yunez Naude，2000；Kuiper，2005；陈风波等，2006；de Brauw，2007；等等）。此外，若从种植业与畜禽养殖投入结构来看，农户外出务工对农户的家庭生产结构也产生了重要影响（Wouterse and Taylor，2008；MaCarthy et al.，2006；Miluca and Carletto，2007）。

（4）技术进步提升机制。农业生产率和技术进步是农业现代化的重要指标，随着劳动力向城市流动，从事农业的农民会更多地使用技术和装备，从而提高农业生产效率（Nichols，2004；Yilma et al.，2008），当然这可能受到农村要素市场尤其是土地市场发展的影响。Oberai 和 Singh（1982）研究发现，农村劳动力外出务工与农业新技术采用行为并不存在必然联系。有些学者从农业生产效率角度研究农村劳动力流动对农业技术进步的影响。Mochebelele 和 Winter Nelson（2000）认为虽然劳动力外出务工将使得劳动力流失、非农收入提高，促使粗放型农业生产的发展，进而导致农业生产技术效率下降，但是农户资金能力提高能够促使农业生产技术效率的提高。不过 Azam 和 Gubert（2005）等研究得出的结论相反，他们指出尽管农户外出务工能够促使农户更多地使用更先进的农业生产性资产，但是农户外出规模与农业生产技术效率存在显著负相关。Wouterse（2008）研究得出，短距离外出务工有助于提高农业生产技术效率，而长距离外出务工却相反。研究结果显示农户能够使用汇款购买更多的生产性资产，以补偿农业技术效率损失。

2.2.2　国内相关研究综述

与国外相关研究结论一致，国内学者已经注意到农村劳动力流动对农业生产的影响已经远远超过了刘易斯模型所阐述的劳动力无限供给阶段，农村劳动力流动对农业生产的影响日益显现。国内学者就农村劳动力流动的具体影响机理展开了大量研究。随着农村劳动力流动政策改革不断深入，农村劳动力流动方式发生了重大变化，农村劳动力流动规模不断快速增长。正如蔡昉、王德文（2003）研究所示，改革开放以来中国大规模人口迁移的空间分布特征、决定因素，及其与市场化改革之间的关系，使得中国大规模人口迁移在经济转型过程中具有区别一般迁移理论的特点。尤其随着农村劳动力的流动性增强、城乡经济快速发展，城市与农村的工资水平均出现了显著增长，这必将对农村劳动力的供给行为产生重要影响（封进、张涛，2012）。

近年来，国内众多学者从不同视角研究了农村劳动力流动对农业生产的影响，众多研究得出了重要结论，但结论存在较大差异。从国内学者对劳动力转移对农业发展的影响研究来看，形成了截然不同的观点。陈建梅（2009）研究了农业生产资料投入要素变化对粮食产出的影响，研究发现化肥和农业劳动力是影响粮食产出的主要因素。梅燕（2010）研究了农村劳动力跨区域流动对粮食供求格局的影响，研究结果显示，农村劳动力跨区域流动会影响粮食主产区和粮食主销区的粮食供求格局，经济发达地区尤其是作为粮食主销区的广东、浙江、上海、北京等地的粮食产需缺口会进一步扩大，粮食供求失衡程度可能将会更加严重。就劳动力流向对农业生产的影响来看，黄柯淇、苏春江（2009）利用双对数模型研究了农村劳动力本地的非农转移和向外的非农转移因素对粮食生产的影响，研究结果显示，本地非农转移能够促进粮食生产，向外非农转移会降低粮食总产量，且向外转移的减产作用大于本地转移的增产作用。

就农村劳动力流动对农业生产的影响机制来看，朱贵云（2008）实证分析了农业劳动力转移对农业增长的影响，研究发现农业劳动力转移提高了农村土地流转率、农业机械使用率，推动了农业增长，但是土地改良投资少，化肥施用量大大增加。彭大雷等（2010）在研究我国农村劳动力现状的基础上，研究了农业劳动力变化对粮食生产的影响，研究结果表明农业劳动力减少对复种指数具有较大负面影响，农户家庭农业劳动力规模和结构对土地生产率具有重要影响。在农户面临的资金约束条件较强、农业生产比较效益较低的情况下，虽然农村劳动力市场得到了快速发展，但是农民在决定劳动力具体投入数量与雇用劳动力数量的时候，农业生产的劳动力投入结构和投入数量可能受到较大限制。陈梦华、杨钢桥（2010）利用江汉平原农户调查数据展开研究，研究发现农户对耕地投入主要为家庭劳动力投入和流动资本投入，雇佣劳动及固定资本投入较少，农户根据家庭结构、资源禀赋与外部环境变化决定其对耕地的投入。当然，农户的生产投入行为尤其是生产投资行为也受到要素市场发展的影响，尤其是土地市场发展等影响（钟甫宁、纪月清，2009）。

根据生产理论可知，在一种生产要素减少的情况下，若实现产量的稳定或增产，可能存在两种情况，一是替代要素的增长，以抵消减少要素的负向作用，当然，要素间的替代效应存在下降的趋势；二是若替代要素没有充分的增加，则需要生产函数发生外移——即使存在生产技术的进步，这样才能够实现在较少要素投入的情况下保证产量的稳定或增产。对于农村劳动力流动导致农业生产要素的结构变动来看，随着劳动力大规模非农转移，我国农业部门出现了物质资本不断深化现象，由此农村劳动力流动对农业生产技术变动产生影响。陈开军（2010）利用费景汉—拉尼斯模型的扩展分析了劳动力转移对农业技术进步的影响，研究发现劳动力转移会通过资金、劳动的替代效应，引起资本偏向型技术发展，长此以往，容易形成农业生产资本深化，王雅俊、王书斌（2011）也得出类似结论。郭剑雄、鲁永刚（2011）利用时间序列数据，实证分析表明以农用机械和化肥代表的物质资本对农业产出存在显著影响。胡瑞法、冷燕（2006）在建立作物的生产函数模型后，估计了投入要素间的替代弹性。研究发现，水稻、小麦和玉米三大作物生产呈现劳动投入快速下降、机械和化肥投入快速增加的特征，以机械和化肥投入替代劳动投入已成为粮食生产技术发展方向。当然，我们也应该看到，以机械与化肥为代表的物化要素对劳动力的替代可能存在不充分的情况，这里主要有两方面的考虑：一是农业生产方式的变动可能改变要素间的替代关系，如在传统的农业生产方式向机械化生产方式转变的情况下，机械与劳动投入可能不完全是替代关系，尤其当农业生产中机械化程度逐渐提高的情况下，人力与机械的替代关系可能会发生变动，当然这需要进一步的验证；二是农民对机械、化肥与劳动的投入都存在一定的收益临界点，理论上来说，当任何一种要素投入的边际收益低于对应劳动投入的边际收入时，农民并不会继续增加该要素投入，因此，在农业生产收入占比快速下降的情况下，农业生产可能出现要素替代不充分的情况，此时技术进步（如新品种应用）可能保证农业生产的稳定或增产，关键在于农业技术进步。

当然，就农村劳动力流动对农业生产技术进步影响的机制来看，在我国农业生产要素市场仍不健全的情况下，农村劳动力流动对农业生产技术进步的具体影响路径可能有待进一步分析。具体来看，农村劳动力流动对农业生产技术进步的影响可能存在三方面的影响：一是农业生产技术的变动，如新品种、新技术的应用等；二是农业生产的规模经济效应，在农村土地流转的情况下，农村劳动力流动可能扩大农业生产规模，若农业生产存在规模效应，则农村劳动力流动可能提高农业生产的规模效应；三是农业生产要素利用效率的提高，当然若考虑到农村劳动力流动对农业从业人员结构的影响，农业生产效率的作用可能出现较大的约束。钟甫宁（2010）研究发现外流劳动力的素质一般较高，因此，劳动力流动也将导致参与农业生产劳动力的平均素质下降，从而影响农业生产效率。张宁、陆文聪（2006）运用随机前沿分析技术实证研究了中国农村劳动力素质对农业技术效率的影响，研究发现，农村劳动力素质的变化对中国农业效率的影响具有显著性差异，其中农村劳动力的智力素质提高对中国农业技术效率的增长更具有显著作用。由此可见，农村劳动力流动产生的农业从业人员结构变动也必将对农业技术效率产生重要影响。

2.2.3 已有研究简要评述

从国内外众多研究可以得出，在劳动力封闭和劳动力自由流动框架下，劳动力流动对农业生产影响程度及机制可能存在较大差异。若考虑到农产品市场体系改革背景，构建劳动力流动对农业生产影响的计量模型应尤为谨慎。就农村劳动力流动对农业生产影响的研究在以下三方面内容仍有待继续展开研究：一是农村劳动力流动方式对农业生产的影响，大家都注意到了这个问题，并从不同层面展开了研究，但能够将非农就业与人口迁移区分开来，并从"劳动力流动—要素结构变动—生产效率—产量效应"角度研究农村劳动力流动对农业生产要素结构、生产效率影响的研究仍较少；二是农村劳动力流动与农业生产的影响具有动态调节性，虽然部分学者已注意到这两方面问题，但综合考虑二者因素的研究相对较少；三是市场化条件下农业生产中化肥、农业机械与劳动投入结构发生了重大变化，对农业生产技术进步产生了重要影响。

2.3　研究框架

2.3.1　农村劳动力流动对农业生产的影响机理

就劳动力流动对农业生产的影响效应来看，劳动力流动对农业生产存在两方面影响。一是正面促进效应，主要表现在：改善农村人地矛盾，从农村整体来看，农村剩余劳动力转移将有助于化解人多地少的矛盾，可能增加劳动力转移规模，而农业生产却出现增长的现象；促进土地规模化经营，提高粮食生产经济效应，当然这要受制于土地市场发展状况；加快农业新技术、新品种的采用与推广，当前农业劳动力的兼业比例仍较高，劳动力流动可增强农民对新技术的接受能力，促进新技术推广、新品种采用。二是负面效应，主要表现在：劳动力流动影响农业生产投入，会导致与劳动呈互补关系的化肥、农药等的投入都有所下降，若在土地非自由流转的情况下，也将导致农业生产耕地面积减小，出现撂荒等现象；劳动力流动导致农业生产劳动力素质结构发生重大变化。

综合来看，农村劳动力流动对农业生产的影响可能具有两大方面机制：

一是农村劳动力流动可能促使农业生产要素投入结构发生重新组合与配置。根据西方的劳动力流动的经济理论，农村剩余劳动力由农业生产向非农生产、从农村向城市的流动，是世界各国工业化和城市化发展的必经阶段，也是发展中国家经济发展中最重要的特征之一。改革开放以来，我国农村劳动力流动规模不断扩大，对传统的农业生产方式和农村投入结构要素产生影响。劳动力流动在一定程度上缓解了农村的人多地少的矛盾，提高了农民收入，增加了农业生产要素的投入，激发了劳动、土地、机械、化肥等投入要素之间的重组与替代，抵消了劳动力流出对农业生产的不利影响，但是根据无差别曲线，在一定资金或技术约束条件下，它们之间的替代不是完全替代，而是存在边际效率递减。例如，青壮年劳动力的外流使得农业劳动力整体偏向老龄化、女性化，但流动带来的非农收入转化为物化资本，使得其他投入要素替代部分劳动力，在一定程度上提高了技术水平，抵消了劳动力流出后的不利影响，农业产出并未出现下滑。但是，如果投入要素之间不能有效替代，这将对农业发展带来一定的不利影响，正如以上文献中所提到的。本书将试图分析农业生产投入要素对农业生产的影响，考察农业生产要素的边际产出及要素替代关系变动。

二是农村劳动力流动可能对农业技术和生产效率产生重要影响。农村劳动力流动对农业生产可能产生技术改进的技术进步效应和生产规模扩大的规模效应，并能提升生产能力与管理水平。当然，农业生产效率的变动也可能受到其他一系列因素的影响。在农业生产中，在一定程度上，生产技术决定生产效率。而生产技术又往往取决于农业生产要素的投入和使用。农业生产要素之间是相互影响、互相制约的，投入要素之间的有效配置，促进了技术的进步，提高了农业生产率。发展中国家高度紧张的人地矛盾与自给自足的生产方式，严重阻碍了投入要素之间的有效替代，农业的生产率和土地利用率都处在比较低的水平。劳动力流动有效地缓解了这一局面，并对农业技术和效率的提高产生了重要的积极作用。当然，劳动力流动导致农业生产劳动力素质结构发生了重大变化，正如钟甫宁（2010）注意到外流劳动力的素质一般较高，因此，劳动力流动也将导致参与农业生产劳动力的平均素质下降，从而影响农业生产效率。

2.3.2 研究框架

在我国农业生产极度分散的情况下，农户是农业生产最主要的决策主体，农业生产必然是农户在一定约束条件下对生产预期收益、成本理性选择的结果。尤其在我国农产品的商品率已经达到一半的形势下，外界经济环境变化也必然对农户生产要素投入结构产生重要影响。当外部生产环境发生变化时，如劳动力流动性增强或非农就业收入提高等，农户生产行为将发生较大变动。尤其在我国农产品市场与要素市场逐渐健全的形势下，农村劳动力流动对农业生产的影响也将通过农户生产行为的调整而加以体现。具体来看，农村劳动力流动对农户生产行为的影响体现在两大方面：

一是农村劳动力流动将对农户生产行为的约束条件产生重要影响。随着我国城乡经济体制改革步伐加快，尤其是农村劳动力自由流动政策推进，农村劳动力流动程度日益提高，但受到制度与经济发展阶段等约束。当前农村劳动力完全自由化流动仍受到一定约束，所以农村劳动力流动包括了完全转移的人口外迁与未完全转移的非农就业。农村劳动力流动对农户的农业生产决策的约束条件产生了重要影响，尤其是对农业生产的劳动力机会成本、农业总体的要素禀赋结构、农户经济投入能力、技术改进能力和农民素质等产生影响。

二是农村劳动力流动对农户生产行为的均衡条件产生重要影响。随着农村劳动力流动性增强，农户生产选择行为将发生改变。在自主选择环境下，农户选择的目标是追求效应最大化，才符合自身利益。根据农户家庭经济模型结论可知，在劳动力市场不完全的情况下，农户的消费与生产满足分离特性，即农业生产利润最大化也就符合效用最大化。对于农民来说，在我国农产品市场近乎完全竞争市场，农民只能是价格的接受者，所以要实现利润最大化必须实现产量最大化。不过农村劳动力流动性增强，在一定程度上将改变劳动工资水平与农业边际产值、劳动工资水平与闲暇效应的比值关系，从而影响到农业生产的均衡条件，这将影响到农户的生产决策。

由此可见，农村劳动力流动对农户生产的约束条件与均衡条件都产生了重要影响。虽然农户追求农业生产产量的目标未发生改变，但在农户进行农业生产的约束条件与均衡条件都改变的情况下，农户的生产决策行为与选择结构必将发生变动。进一步来看，在农户的农业生产机会成本、要素禀赋、经济条件、技术改进能力与农户素质等发生变动的情况下，农户生产均衡条件变动将对农户的农业生产要素投入结构、技术改进动力与改进行为、农民技术利用能力都产生影响，农业生产要素投入结构变动将对农业生产要素的配置效应产生影响，技术改进动力与改进行为、技术利用能力将对农业生产的技术变动水平与技术利用效率生产影响，这进而会影响到农业生产的综合利用效率，即农业技术进步水平，从而对农产品产量与农业发展产生重要影响。为此，本研究在我国农村劳动力流动政策演变的背景下，着重从农业生产要素结构与农业生产效率变动角度出发，研究农村劳动力流动对农业生产的影响效应及影响机制。在此基础上，探索提高农业生产效率、加快农业技术进步步伐、促进农业发展的路径。

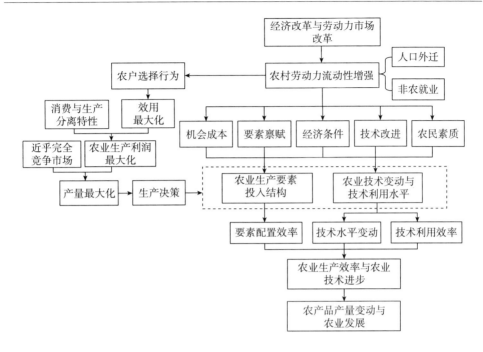

图 2 - 2　研究框架

本章小结

关于劳动力流动对农业发展影响的研究由来已久，已经形成了大量的研究成果。本章对已有理论进行仔细的疏理，为后续研究提供基本的研究框架与理论依据；对已有的国内外研究进行回顾，并指出已有研究需要进一步完善之处。本章在理论与文献回顾的基础上，重点从农户家庭决策模型入手，分析了农村劳动力流动对农业生产影响的主要机理，并构建了本研究的基本框架，明确了本研究的主要内容。

第3章 当前农业发展的形势及面临的问题

3.1 农业生产条件发生重大变化，农户储粮售粮行为变化明显

3.1.1 劳动力流动性增强，农村劳动力转移步伐加快

改革开放以来，尤其是 20 世纪 80 年代中期以后，是我国农村劳动力转移速度最快、规模最大的时期。庞大的劳动力流动规模，可能将增大粮食价格支持政策对粮食生产影响的难度，同时也会影响粮食价格政策的执行效果。2004 年，大约有 1.2 亿农村劳动力迁移流动，如果加上在本地乡镇企业就业的农村劳动力，农民工总数大约为 2 亿人（乡村总就业人口为 4.87 亿人），约占乡村总就业人口的 41%。近十年来，农民转移步伐继续加快，农民外出务工规模持续增长。根据国家统计局数据显示，农民工总量从 2008 年的 22542 万人持续增长到

2016 年的 28171 万人，外出农民工与本地农民工数量均保持连续增长，其中本地农民工在 2016 年增长幅度较大。

表 3 - 1　农民工规模　　　　　　　　　单位：万人

指标＼年份	2008	2009	2010	2011	2012	2013	2014	2015	2016
农民工总量	22542	22978	24223	25278	26261	26894	27395	27747	28171
外出农民工	14041	14533	15335	15863	16336	16610	16821	16884	16934
本地农民工	8501	8445	8888	9415	9925	10284	10574	10863	11237

资料来源：统计局网站．统计局发布 2014 年全国农民工监测调查报告［EB/OL］. http：//www. gov. cn/xinwen/2015 - 04/29/content_2854930. htm，2015 - 04 - 29；统计局网站．统计局发布 2015 年全国农民工监测调查报告［EB/OL］. http：//www. stats. gov. cn/tjsj/zxfb/201604/t20160428_1349713. html，2016 - 04 - 28；统计局网站．统计局发布 2016 年全国农民工监测调查报告［EB/OL］. http：//www. stats. gov. cn/tjsj/zxfb/201704/t20170428_1489334. html，2017 - 04 - 28.

　　另外，农村劳动力的流动加快了农民角色分化的速度，使农民的非农就业行为存在显著差异，对农户的生产行为产生重要影响。对于存在大量剩余劳动力的中国农村，经济制度发生变化之后，不同农民拥有的资源不仅在数量上而且在结构上存在巨大差别，不同农户的风险承受能力也不同，以粮食价格稳定为特征的支持政策对不同农户的影响也必然存在较大差异。在这种情况下，具有不同特征的农户也可能产生不同类型的生产供给反应。在农业劳动力转移、农村人口迁移的背景下，农业有效劳动力供给已经大幅度减少。

3.1.2　农业生产机械化程度显著提高，专业的大中型机械数量显著增长

　　农业现代化过程通常表现为农业生产方式的重大转变，通常表现为农业机械使用规模的扩大。我国农业机械总动力继续保持较快增长

势头，大中型机械出现了显著增长。1995~2016 年，农业机械总动力从 1995 年的 3.61 亿千瓦持续增长到 2016 年的 9.72 亿千瓦；大中型拖拉机数从 1995 年的 671846 台持续增长到 2016 年的 6453546 台，增长了近 9 倍；大中型拖拉机配套农具数从 1995 年的 991220 部持续增长到 2016 年的 10281100 部，增长了 9 倍以上；小型拖拉机数从 1995 年的 8646356 台持续增长到 2016 年的 16716149 台，增长了近 1 倍；小型拖拉机配套农具数从 1995 年的 9579774 部持续增长到 2016 年的 29940300 部，增长了 2 倍多；农业排灌柴油机数从 1995 年的 4912068 台增长到 2016 年的 9407727 台，增长了近 1 倍。

在农村劳动力转移逐渐加快的情况下，农业机械程度的不断提高能够有效缓解粮食生产劳动供给不足的压力。这在某种程度上反映了农村劳动力流动对农业生产机械使用行为的影响。在农村劳动力流动性增强的背景下，农民更加倾向外雇或租赁农机进行农业生产，如土地深耕、作物收获、农产品运输等，这可以从近年来农业生产中的租赁费用快速增长体现出来。农民的外雇和租赁行为在某种程度上促进了专业农业机械服务的发展，所以农业生产中的大中型拖拉机数量快速地增长。

表 3-2　1995~2016 年我国农业生产条件变化

指标 年份	农用机械 总动力 （万千瓦）	大中型拖 拉机数 （台）	小型拖 拉机数 （台）	大中型拖拉 机配套农具 数（部）	小型拖拉机 配套农具 数（部）	农用排灌 柴油机数 （台）
1995	36118	671846	8646356	991220	9579774	4912068
2000	52574	974547	12643696	1399886	17887868	6881174
2005	68398	1395981	15268916	2262004	24649726	8099100
2006	72522	1718247	15678995	2615014	26265699	8363525
2007	76590	2062731	16191147	3082785	27329552	8614952
2008	82190	2995214	17224101	4353649	27945401	8983851
2009	87496	3515757	17509031	5420586	28805621	9249167

续表

指标 年份	农用机械 总动力 （万千瓦）	大中型拖 拉机数 （台）	小型拖 拉机数 （台）	大中型拖拉 机配套农具 数（部）	小型拖拉机 配套农具 数（部）	农用排灌 柴油机数 （台）
2010	92780	3921723	17857921	6128598	29925485	9462526
2011	97735	4406471	18112663	6989501	30620134	9683914
2012	102559	4852400	17972300	7635200	30806220	9823100
2013	103907	5270200	17522800	8266200	30492100	9347000
2014	108057	5679500	17297700	8896400	30536300	9361300
2015	111728	6072900	17030400	9620000	30415200	9399300
2016	97246	6453546	16716149	10281100	29940300	9407727

资料来源：中华人民共和国国家统计局 . 中国统计年鉴（2000～2017）［M］. 北京：中国统计出版社 .

3.1.3　粮食生产的商品化属性增长，农户储粮快速下降

伴随着粮食产量的快速增长，粮食商品率也出现了快速增长。1995～2003 年，粮食商品率基本维持在 50% 波动。但是自 2004 年起，粮食商品率出现了持续快速增长，从 2004 年的 53% 持续增长到 2015年的 90% 以上。从农户储粮、售粮行为来看，农户储粮比重越来越小，

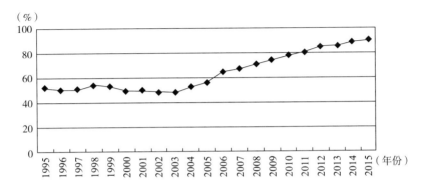

图 3－1　1995～2015 年粮食商品率

而且出售的时间越来越集中。从粮食生产的属性来看，粮食生产的自给特性在下降，商品属性日益增强。

3.2 粮食生产成本显著增长，农产品贸易条件恶化

3.2.1 粮食生产投入结构显著变化，生产成本快速增长

近十多年来，我国粮食生产投入结构发生了较大变动，劳动投入快速下降，化肥、机械类等物质资本要素投入呈现长期增长趋势，粮食生产成本显著增长。

从粮食生产平均要素投入变动来看，2000～2016年，粮食每亩用工数量出现显著的下降趋势，每亩用工数量从2000年的12.2日持续下降到2015年的5.31日。虽然粮食生产用工数量下降显著，但是粮食生产的用工费用增长显著，每亩用工费用从2000年的126元持续增长到2016年的441元，增长了2.5倍。就粮食生产的人工成本变动来看，2000年以来粮食生产每亩人工成本增长迅速，其中家庭用工折价增长较快，主要是由于家庭用工工价增长所引起，雇佣工数量变动不大，但雇佣工工价增长迅速。家庭用工日工资从2000年的10元/天持续增长到2016年的81元/天。

2000年以来，每亩化肥使用量呈现小幅增长，粮食生产每亩化肥使用量基本维持在20千克左右，但自2006年以来，粮食生产化肥使用量出现了一定的上升趋势，从2006年的20.96千克/亩增长到2016年的24.93千克/亩。虽然化肥用量增长缓慢，但粮食生产每亩化肥费用增长显著，从2000年的57元/亩持续增长到2016年的129元/亩，

增长了 1 倍多。2000 年以来每亩粮食种子用量出现了一定下降,从 2000 年的 7.54 千克/亩下降到 2016 年的 7.04 千克/亩。

从直接费用结构来看,化肥费、租赁作业费、种子费、农药费、农家肥费用等所占比重较大,其中化肥费、租赁作业费、种子费增长较快。2000 年以来,粮食生产的物质与服务增长主要是由粮食生产直接费用引起的,受农业税取消政策影响,粮食生产间接费用下降显著。2000 ~ 2016 年,粮食生产物质与服务费用从 182.87 元增长到 429.57 元,增长幅度约达到 135%,其中直接费用从 153.33 元增长到 415.03 元,占物质与服务费用的比例达到 96% 以上。

表 3 - 3　粮食生产单位面积要素投入结构

项　目	2000 年	2010 年	2011 年	2012 年	2013 年	2014 年	2015 年	2016 年
一、生产要素投入	40.24	36.69	36.78	36.71	36.72	37.1	36.89	37.28
1. 每亩用工数量	12.2	6.93	6.79	6.43	6.17	5.87	5.61	5.31
2. 每亩化肥用量	20.3	22.98	23.03	23.22	23.44	24.08	24.11	24.93
3. 每亩种子用量	7.54	6.61	6.77	6.86	6.89	6.93	6.94	7.04
4. 每亩农膜用量	0.2	0.17	0.19	0.20	0.22	0.22	0.23	—
二、每亩物质与服务费用	182.87	312.49	358.36	398.28	415.12	417.88	425.07	429.57
(一)直接费用	153.33	303.93	348.63	387.09	402.35	405.03	411.21	415.03
1. 种子费	18.94	39.74	46.45	52.05	55.37	57.82	59.43	60.73
2. 化肥费	57.37	110.94	128.27	143.40	143.31	132.42	132.03	128.93
3. 农家肥费	8.87	9.65	9.92	11.33	11.28	10.73	10.87	13.67
4. 农药费	8.12	22.39	23.39	26.21	26.97	27.56	29.15	29.48
5. 农膜费	1.78	2.34	2.62	2.79	2.99	3.05	3.04	2.99
6. 租赁作业费	50.66	113.19	131.53	144.66	155.42	166.21	169.33	171.84
7. 燃料动力费	0.09	0.68	1.03	1.06	1.34	1.53	1.57	1.71
8. 技术服务费	—	0.02	0.02	0.02	0.01	—	0.01	0.01
9. 工具材料费	0.18	3.40	3.78	3.94	4.06	4.14	4.19	4.17
10. 修理维护费	3.24	1.57	1.61	1.63	1.59	1.56	1.57	1.49
11. 其他直接费用	4.08	0.01	0.01	0.01	0.01	0.01	0.02	0.01

项　目	2000 年	2010 年	2011 年	2012 年	2013 年	2014 年	2015 年	2016 年
（二）间接费用	29.54	8.56	9.73	11.19	12.77	12.85	13.86	14.54
三、每亩人工成本	126.35	226.90	283.05	371.95	429.71	446.75	447.21	441.78
1. 家庭用工折价	117	206.27	259.48	342.33	397.32	414.18	415.74	408.63
家庭用工天数	11.7	6.59	6.49	6.11	5.84	5.57	5.33	5.02
劳动日工价	10	31.30	40.00	56.00	68.00	74.40	78.00	81.40
2. 雇工费用	9.35	20.63	23.57	29.62	32.39	32.57	31.47	33.15
雇工天数	0.5	0.34	0.30	0.32	0.33	0.30	0.28	0.29
雇工工价	18.7	60.67	78.58	92.57	99.05	107.49	112.39	114.31

资料来源：国家发展和改革委员会价格司. 全国农产品成本收益资料汇编［M］. 北京：中国统计出版社，2016.

3.2.2　成本增长驱动下，农产品贸易条件显著恶化

在农产品生产成本快速增长的背景下，中国的农产品贸易条件指数却在不断下降。王雅娟在《中国农产品贸易条件及变动趋势研究》一文中提出，1993～2003 年中国主要进口农产品豆油和棕榈油的收入贸易条件指数分别下降了 24.5% 和 100%，主要出口农产品玉米和大米的收入贸易条件指数分别下降了 67.2% 和 48.8%。近年来，国内众多学者也从不同角度探讨了贸易条件问题。崔津渡和李诚邦（2005）分析了 1995～2005 年的中国对外贸易条件，继而得出结论：中国价格贸易条件不断恶化的主要原因是进口价格的不断上升。阿什德和叶德利（2008）也认为国际市场上越来越激烈的价格竞争是中国贸易条件恶化的主要原因，出口增长、进口减少都不一定会使贸易条件得到改善。黄满盈（2008）在分析中国国际贸易中价格贸易条件指数的波动时，从进出口商品结构（主要是技术水平高低）和国别两个角度采用方差分解法进行分析。张淑荣和殷红（2010）选用灰色关联分析法，

研究指出汇率对收入贸易条件的影响较大。谭祖谊（2014）将出口产品的结构特征参数纳入贸易条件模型，结果显示以全面发展为目标会导致贸易条件长期恶化。

贸易条件一般用贸易条件指数量化反映其趋势变化，而贸易条件指数是衡量一国在一定期间内参与国际贸易进行商品交换取得的贸易利得，分为价格贸易条件指数、收入贸易条件指数、单要素贸易条件指数、双要素贸易条件指数和总贸易条件指数五种。考虑研究目的和数据的可获得性，选取收入贸易条件指数进行重点分析。收入贸易条件指数是指产品的出口价格指数与进口价格指数之比与出口物量指数的乘积，更适合反映发展中国家对外贸易的收益总量。选取大豆、大米、玉米、小麦四种主要进出口农产品的进出口数据进行计算，并绘制收入贸易条件指数变动趋势图。

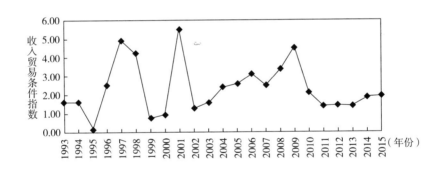

图 3 - 2 1993～2015 年中国主要农产品收入贸易条件指数变化

1993～2015 年，我国大豆、大米、玉米、小麦四种主要进出口农产品的收入贸易条件指数变化趋势具有明显的阶段性特征：2001年加入世界贸易组织，年度之间差异较大，走势陡峭，1999 年跌入谷底，又于 2001 年突然上涨至顶峰；2002～2008 年，贸易条件指数稳步上涨；鉴于 2008 年金融危机，国际经济形势严峻不利于我国对外贸易的发展，指数陡然下跌，结合当时稳定市场量化宽松的货币政策，我国农产品对外贸易环境开始升温，2011 年至今，贸易条件指数缓慢上涨。

整体来看，近 20 年，受国内外宏观经济环境影响，我国农产品贸易条件指数波动较大，虽然最近几年贸易条件有所好转，但总体仍然呈现出恶化的趋势。因此，按照国际贸易学的比较优势原则来深入分析我国农产品对外贸易状况及其影响，提出相应的应对策略以改善贸易条件显得尤为重要。

3.3　粮食供需格局发生显著变化，
粮食供需矛盾凸显

3.3.1　粮食产量持续增长，但结构有待优化

近十年来，玉米产量增长幅度最大，已成为产量第一作物；稻谷和小麦产量基本保持稳定，并略有增长；而豆类产量却出现了一定下降。2004 年开始，国家大幅度调高了粮食的最低收购价格，并相继取消了实行千年的农业税，加大了对农业生产的良种、农机等的补贴力度。2004 年以来，我国粮食生产保持了连续增产态势，各主要粮食作物也保持持续增产。2016 年，我国粮食产量达到了历史最高水平，达到 61625 万吨，谷物产量达到 56538 万吨，稻谷、小麦、玉米和豆类分别达到 20708 万吨、12885 万吨、21955 万吨、1731 万吨。

表 3 - 4　2000 ~ 2016 年我国粮食产量　　　　单位：万吨

指标 年份	粮食作物	谷物	稻谷	小麦	玉米	豆类
2000	46218	40522	18791	9964	10600	2010
2001	45264	39648	17758	9387	11409	2053
2002	45706	39799	17454	9029	12131	2241
2003	43070	37429	16066	8649	11583	2128
2004	46947	41157	17909	9195	13029	2232
2005	48402	42776	18059	9745	13937	2158
2006	49804	45099	18172	10847	15160	2004
2007	50160	45632	18603	10930	15230	1720
2008	52871	47847	19190	11246	16591	2043
2009	53082	48156	19510	11512	16397	1930
2010	54648	49637	19576	11518	17725	1897
2011	57121	51939	20100	11740	19278	1908
2012	58958	53935	20424	12102	20561	1731
2013	60194	55269	20361	12193	21849	1595
2014	60703	55741	20651	12621	21565	1625
2015	62144	57228	20823	13019	22463	1590
2016	61625	56538	20708	12885	21955	1731

资料来源：中经网统计数据库。

3.3.2　粮食生产集中程度增强，产销区域分化加剧

　　在粮食产量与消费需求量都不断增长的形势下，粮食生产集中度显著提高，粮食主产区与主销区分化严重，这对加快粮食收储运产业发展提出了新的要求。

　　从粮食生产集中度来看，2000 年以来，粮食生产集中度显著提高。2000 ~ 2016 年，粮食产量前三的省份（黑龙江、河南、山东）的粮食总产量占全国粮食产量的比例从 22.69% 增长到 27.11%；粮食产

量前五的省份（黑龙江、河南、山东、吉林、四川）的粮食总产量占全国粮食产量的比例从33.53%增长到38.79%；粮食产量前十的省份（黑龙江、河南、山东、吉林、四川、江苏、河北、安徽、湖南、内蒙古）的粮食总产量占全国粮食产量的比例从59.79%增长到64.88%。粮食生产集中化在一定程度上提高了农业生产的专业化程度，但是也有可能加剧粮食生产波动，对粮食安全产生潜在威胁。

表3-5　粮食生产集中度

单位:%

年份＼区域	前三名（黑龙江、河南、山东）	前五名（黑龙江、河南、山东、吉林、四川）	前十名（黑龙江、河南、山东、吉林、四川、江苏、河北、安徽、湖南、内蒙古）
2000	22.69	33.53	59.79
2001	23.18	33.96	60.19
2002	22.85	34.55	60.84
2003	22.10	34.44	59.69
2004	22.96	35.01	60.99
2005	23.95	35.92	61.49
2006	24.91	36.18	62.31
2007	25.63	36.56	63.23
2008	26.20	37.51	64.07
2009	26.48	37.14	63.69
2010	27.06	38.16	64.32
2011	27.20	38.52	64.68
2012	26.99	38.28	64.47
2013	26.99	38.52	64.71
2014	27.36	38.74	65.14
2015	27.52	38.93	65.15
2016	27.11	38.79	64.88

资料来源：根据中经网统计数据库数据，测算所得。

从粮食产销区域差异来看，2000 年以来，粮食产销区域分化加快。主产区粮食产量已占到全国粮食产量的一半以上，粮食平衡区域的粮食产量相对比较稳定，而主销区粮食产量出现了显著下降。2000～2016 年，粮食主产区粮食总产量占全国粮食产量的比例从 43.75％增长到 51.46％，其中 2015 年达到了 51.92％；粮食平衡区粮食总产量占全国粮食产量的比例相对比较稳定，基本维持在 19％～20％；粮食主销区粮食生产出现了显著的下降，粮食主销区粮食总产量占全国粮食产量的比例从 36.70％持续下降到 28.78％。由此可见，近十多年来，粮食生产集中、产销区域分化势必增加产销跨区域粮食流通量，这对粮食收储运产业发展提出了新的要求。

表 3-6　主产区、平衡区、主销区粮食产量比重　　　单位:%

年份＼区域	主产区	平衡区	主销区
2000	43.75	19.55	36.70
2001	45.26	19.89	34.85
2002	45.68	20.07	34.25
2003	44.68	19.94	35.38
2004	46.52	19.93	33.55
2005	47.26	19.87	32.87
2006	48.69	19.45	31.86
2007	49.08	20.30	30.62
2008	50.33	19.76	29.91
2009	49.88	19.69	30.43
2010	50.63	19.67	29.70
2011	51.16	19.82	29.02
2012	51.16	19.63	29.21

续表

年份 \ 区域	主产区	平衡区	主销区
2013	51.32	19.90	28.78
2014	51.82	19.17	29.00
2015	51.92	19.43	28.64
2016	51.46	19.76	28.78

注：在本研究中，根据各省区粮食供求平衡状况，划分为三种类型区域：①粮食主产区（粮食年度剩余量大于100万吨）：黑龙江、吉林、河南、内蒙古、安徽、山东、湖南、江西。②粮食平衡区（粮食年度余缺量小于100万吨）：辽宁、宁夏、新疆、江苏、西藏、河北、重庆。③粮食主销区（粮食年度短缺量大于100万吨）：湖北、青海、四川、甘肃、云南、天津、山西、陕西、广西、北京、上海、福建、浙江、广东。

资料来源：根据中经网统计数据库数据，测算所得。

3.3.3 粮食产需缺口不断扩大

中国粮食产量与消费需求量都不断增加。自 2004 年以来，中国粮食生产已连续 13 年增产，粮食消费量亦持续增长。除稻谷和玉米外，

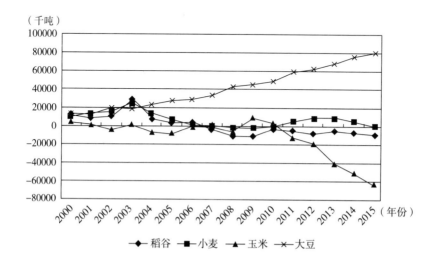

图 3-3 四大粮食消费量与产销缺口（国内消费量—产量）

粮食产需缺口进一步扩大，粮食消费自给率逐渐降低，尤其是大豆，自 1999 年以来，大豆国内消费量与产量缺口持续快速扩大。近年来，小麦产量保持良好势头，但是产销缺口出现了扩大。总体来看，我国粮食供需形势仍偏紧，当前粮食供需的结构性差异明显。

3.3.4　粮食库存量快速增长，结构性差异显著

从粮食收储来看，粮食收储体系虽然稳定了国内粮食市场，促进了产量增加，保证了农民种粮收益与积极性，但是近年来出现了供求结构失衡。

表 3-7　粮食期末库存与库消比　　　　　　　　单位：万吨,%

年份 \ 品种	稻谷		小麦		玉米		大豆	
	期末库存	库消比	期末库存	库消比	期末库存	库消比	期末库存	库消比
2000	110775	55	112733	104	72940	61	2903	10
2005	40051	21	47543	45	44200	32	4452	10
2010	62408	32	55541	49	34726	19	12649	19
2011	69454	35	53138	43	52849	29	12188	17
2012	79476	40	47573	39	74392	38	9351	13
2013	86351	43	46276	39	118995	63	10695	14
2014	95857	48	47372	40	174320	98	13052	15
2015	108552	55	49372	44	241290	130	16722	19
2016	106202	54	46594	40	257390	122	17242	18

资料来源：根据布瑞克农产品数据库数据，测算所得。

3.4 粮食消费升级步伐加快，
居民对粮食品质关注度提升

3.4.1 城乡居民口粮消费出现了较明显的下降趋势

口粮需求是我国粮食第一大用途，稻谷、小麦是口粮最主要的粮食来源，口粮消费总量占粮食消费总量的50%以上。随着人们生活水平的提高，膳食结构改善，肉、禽、蛋、奶、蔬菜、水果等食品消费量增加，但在粮食消费中的比重一直呈下降趋势，不过城镇居民人均口粮消费差异较大。就人均口粮消费来看，2000年以来，城镇居民人均收入水平保持持续增长，城镇居民人均粮食购买量基本稳定在80千克/年左右，城镇居民人均口粮消费基本处于相对稳定状态。2000~2008年城镇人均粮食购买量出现了不同程度下降，2009~2011年出现了一定的增长，而2011~2012年有所下降，自2013年以来，按照转换后的原粮数量进行统计，2013~2015年，城镇居民人均粮食购买量从121.33千克/年持续下降到2015年的112.61千克/年。与城镇居民粮食购买量稳定态势相比，农村居民直接口粮消费量出现了持续下降趋势，农村居民人均粮食购买量从2000年的250.23千克/年持续下降到2012年的164.27千克/年，比2000年下降了接近35%。按原粮折算后，2015年农村居民人均粮食购买量仅为159.51千克/年。

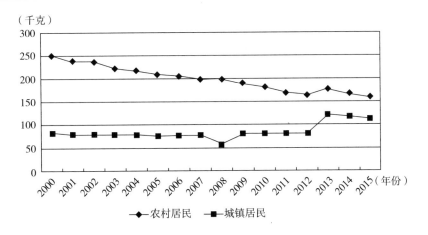

图 3－4 我国居民人均粮食消费量

3.4.2 居民消费结构发生显著变化，粮食需求结构发生重大变化

随着人们收入水平和食物消费倾向的变化，粮食需求结构问题逐渐显现，口粮消费量逐年减少，居民对畜产品的需求量增加，饲料用粮的需求日益旺盛。总体来看，城镇居民对肉、蛋、奶及水产品的年人均购买量已逐渐趋于稳定，农村居民对肉、蛋、奶及水产品的年人均购买量出现了较大幅度的增长。城镇化引发的城乡人口结构变动对肉、蛋、奶及水产品的需求量增长较快，这也进一步引发了粮食间接需求量的快速增长，主要是饲料粮需求量的快速增长。

影响饲料用粮需求的因素众多，主要有人口增长、城市化率、国民收入、营养目标、科技进步率、饲料代替品等因素。①人口是消费畜产品的主体，人口的增长往往带来饲料用粮需求量的快速增长。②城镇化率的增加也会带来饲料用粮需求量的增长。我国农村居民与城镇居民的畜产品消费量有很大的差距。③年人均收入的提高是影响畜产品消费的另一重要因素。④营养目标的改变将引发消费需求结构变化，导致不同动物性食物消费量的变化。

表3-8　城镇居民每人全年购买主要商品数量　　单位：千克

年份\品种	粮食	猪肉	牛肉	羊肉	禽类	水产品	鲜蛋	生奶
2000	82.31	16.73	1.98	1.35	5.44	11.74	11.21	9.94
2001	79.69	15.95	1.92	1.25	5.3	10.33	10.41	11.9
2002	78.48	20.28	1.92	1.08	9.24	13.2	10.56	15.72
2003	79.52	20.43	1.98	1.33	9.2	13.35	11.19	18.62
2004	78.18	19.19	2.27	1.39	6.37	12.48	10.35	18.83
2005	76.98	20.15	2.28	1.43	8.97	12.55	10.4	17.92
2006	75.92	20	2.41	1.37	8.34	12.95	10.41	18.32
2007	77.6	18.21	2.59	1.34	9.66	14.2	10.33	17.75
2008	58.5	19.26	2.22	1.22	8	—	10.74	15.19
2009	81.33	20.5	2.38	1.32	10.47	—	10.57	14.91
2010	81.53	20.73	2.53	1.25	10.21	15.21	10	13.98
2011	80.71	20.63	2.77	1.18	10.59	14.62	10.12	13.7
2012	78.76	21.23	2.54	1.19	10.75	15.19	10.52	13.95
2013	121.33	20.43	2.2	1.15	8.13	13.96	9.43	17.13
2014	117.18	20.79	2.2	1.21	9.07	14.43	9.81	18.13
2015	112.61	20.74	2.35	1.51	9.45	14.71	10.48	17.15

资料来源：国家统计局．中国统计年鉴［M］．北京：中国统计出版社，2016.

表3-9　农村居民每人全年购买主要商品数量　　单位：千克

年份\品种	粮食	猪肉	牛肉	羊肉	禽类	水产品	蛋及蛋制品	奶及奶制品
2000	250.23	13.28	0.52	0.61	2.81	3.92	4.77	1.06
2001	238.62	13.35	0.55	0.6	2.87	4.12	4.72	1.2
2002	236.5	13.7	0.52	0.65	2.91	4.36	4.66	1.19
2003	222.44	13.78	0.5	0.76	3.2	4.3	4.81	1.71
2004	218.26	13.46	0.48	0.82	3.13	4.49	4.59	1.98

品种 年份	粮食	猪肉	牛肉	羊肉	禽类	水产品	蛋及蛋制品	奶及奶制品
2005	208.85	15.62	0.64	0.83	3.67	4.94	4.71	2.86
2006	205.62	15.46	0.67	0.9	3.51	5.01	5	3.15
2007	199.48	13.37	0.68	0.83	3.86	5.36	4.72	3.52
2008	199.07	12.65	0.56	0.73	4.36	5.25	5.43	3.43
2009	189.26	13.96	0.56	0.81	4.25	5.27	5.32	3.6
2010	181.44	14.4	0.63	0.8	4.17	5.15	5.12	3.55
2011	170.74	14.42	0.98	0.92	4.54	5.36	5.4	5.16
2012	164.27	14.4	1.02	0.94	4.49	5.36	5.87	5.29
2013	178.51	19.07	0.76	0.71	6.16	6.56	6.96	5.71
2014	167.65	19.2	0.77	0.72	6.7	6.76	7.21	6.43
2015	159.51	19.45	0.84	0.9	7.11	7.15	8.3	6.33

资料来源：国家统计局．中国统计年鉴［M］．北京：中国统计出版社，2016．

3.5　市场开放进程加快，粮食贸易形势发生重大转变

3.5.1　国有粮食企业改革步伐加快，粮食产业市场化程度显著提高

国有粮食企业是国家收购掌握粮源和实施粮食宏观调控、促进粮食增产和农民增收、维护粮食市场与价格基本稳定、确保国家粮食安全的重要载体和得力帮手，承担着重要的公益性、基础性和社会性职能。近些年，各地按照中央关于进一步深化粮食流通体制改革的部署，

大力推动国有粮食企业改革和发展，企业"三老"问题基本解决，新的经营管理机制逐步建立。国有粮食企业在农业政策性金融的支持下，积极开展粮食购销，经济效益稳步提高，开始走向振兴发展的新阶段。

2006 年出台《关于完善粮食流通体制改革政策措施的意见》后，政府除了按照既定的改革方向和思路对粮食流通体制进行改革，还提出大力发展粮食产业化经营的思路。大力发展粮食产业化经营即对以粮油为主要原料的加工企业，特别是骨干龙头企业，给予重点支持。2012 年的《关于支持农业产业化龙头企业发展的意见》是国务院为支持农业产业化和龙头企业发展专门出台的第一个政策性文件。为了进一步优化国有粮食企业的改革发展环境，充分发挥农业政策性金融的重要支持作用，促进国有粮食企业尽快做大做强，更好地服务国家粮食宏观调控，切实保护种粮农民利益，维护粮食市场稳定，保障国家粮食安全，国家粮食局和中国农业发展银行进一步加强合作，推进国有粮食企业改革和发展，并在 2012 年联合发布了《关于进一步加强合作推进国有粮食企业改革发展的意见》（国粮财〔2012〕205 号）。自粮食市场化改革以来，粮食市场化进程快速推进，国有粮食企业数量显著下降，粮食产业市场化程度显著提高，尤其是粮食加工业、粮食零售业、粮食运输业等。

3.5.2 粮食进出口贸易形势发生重大转变，粮食进口量激增

按照加入 WTO 的协议，中国在实行关税减让、取消非关税壁垒的基础上，逐渐放宽了粮食进口的数量限制。随着粮食进口门槛逐渐降低，近年来，中国粮食进口规模快速增长，粮食市场的国际化程度也日益提高。加入 WTO 以来，中国大豆、玉米和大米等主要粮食品种的

进口规模均显著扩大。近年来，我国近年粮食进口贸易规模呈现攀升势头，粮食进出口贸易形势发生重大转变，粮食进口量激增。

以 2008 年为界，粮食进口分为两个阶段：2000～2008 年，粮食进口处于平缓增长阶段，且变动方向缺乏持续性；2009～2015 年，粮食贸易增长快速，且基本趋于持续增长状态。"入世"使我国的粮食市场更加开放，即使在金融危机给全球经济带来负面影响最大的 2008 年，我国粮食对外贸易量仍未下降，并且于 2009 年跳跃式增长至5573.5 万吨，其中谷物进口量比去年同期上升 120% 以上，玉米进口量约为去年同期的 27.6 倍，小麦进口量为去年同期的 2.9 倍。2014年，我国粮食进口总量达到 10080.1 万吨，为近年最高，约为 2001 年的 7.34 倍。

2016 年中国大豆的进口刷新历史，进口量高达 8391 万吨，与2002 年相比，增长了约 6.42 倍；玉米进口 317 万吨，2002～2016 年平均每年进口玉米约 150.70 万吨；小麦进口 341 万吨，同比增长约13.4%；大米进口 356 万吨，年均增幅高达 40.14%。中国玉米和大米分别从 2010 年和 2011 年起国际贸易出现逆转，玉米净进口 316.6 万吨和大米净进口 316.5 万吨。中国粮食贸易逆差的持续出现，引起了全社会高度警惕。

表 3-10　2002～2016 年中国粮食的进口和净进口量　　　　单位：万吨

品种 年度	大豆		玉米		小麦		大米	
	进口	净进口	进口	净进口	进口	净进口	进口	净进口
2002	1131.5	1103	0.63	-1166.4	60.5	-8.3	23.6	-172.9
2003	2074.1	2047	0.01	-1638.9	42.4	-181	25.7	-233.2
2004	2023	1990	0.23	-231.8	725.9	616.9	76.1	-12.0
2005	2659	2619	0.39	-860.6	353.85	293.4	51.3	-14.5
2006	2827	2789.2	6.5	-300.5	61.3	-50.1	73	-53.7

续表

年度\品种	大豆		玉米		小麦		大米	
	进口	净进口	进口	净进口	进口	净进口	进口	净进口
2007	3081.8	3035.7	3.5	-487.9	10.1	-224	48.7	-85.3
2008	3743.4	3696.3	5	-22	4.3	-8.3	33	-63.9
2009	4254.6	4219.5	8.4	-4.5	90.4	89.6	35.7	-42.6
2010	5479.6	5463.6	157.3	144.6	123.1	123.1	38.8	-23.1
2011	5264	5243	175.4	161.8	125	121	59.8	8.3
2012	5838.4	5806.4	520.8	495.1	369.2	369.1	236.8	208.9
2013	6338	6317	326.5	318.7	553.5	553.2	227.1	179.2
2014	7140	7115	262.9	261	297	296.5	257.9	216
2015	8169	8154	475.9	456.8	300.7	288.5	337.7	309
2016	8391	8378	317	316.6	341	329.7	356	316.5

资料来源：布瑞克农产品数据库。

3.6 "托市"政策效果日益衰减，国际市场约束增强

3.6.1 "托市"政策效果日益衰减，"托市"保收益难度不断加大

为稳定市场供给、保护农民收益，2005 年和 2006 年国家分别在主产区启动了稻谷和小麦最低收购价执行预案。由于粮食生产成本上升较快，国家从 2008 年开始逐年提高最低收购价格水平，2005～2015

年，小麦、早籼稻、中晚籼稻和粳稻最低收购价分别上涨了64%、92.9%、91.7%和106.7%。2016年，早籼稻收购价格有所下调，其他粮食作物价格不变。在最低收购价的托底作用下，同期国内农户平均出售价也一路走高。2012年以前，各品种的最低收购价基本上低于农户平均出售价，但2012年以后，逐渐有品种的最低收购价开始高于农户平均出售价，尤其是中籼稻和粳稻的最低收购价要高于农户出售价5%~6%，"托底价"逐渐变成"最高价"。

虽然各级政府投入了巨额财政资金以稳定粮食价格，增长粮食生产收益，但是综合来看，"托市"政策对促进农民增收作用的难度与日俱增。

据国家粮食局估计，"十二五"期间，我国累计托市收购粮食8400多亿斤，通过价格托底、优质优价、整晒提等、产后减损等措施，带动农民增收约2500亿元。但近年来，随着种植成本的不断上涨，最低收购价政策对农民收入的促进作用受到影响。2004~2015年，我国粮食生产总成本增长了1.4倍，远高于同期最低收购价64%~106%的增幅，更高于农户现金收益44.6%的增幅。2016年，我国粮食生产总成本较上一年增加了0.33倍。若要进一步提高最低收购价格，会面临国际粮食价格天花板、WTO黄箱规则等一系列因素的制约，最低收购价政策的"保收益"目标越来越难以实现。

粮食价格支持对粮食生产收益的贡献在下降，"增收"不"增效"现象逐渐凸显。2004年以来，三大粮食作物平均销售价格从2004年的70.73元/百斤持续增长到2012年的119.86元/百斤，粮食单产水平也持续增长，但是每亩净利润从2004年的196.5元增长到2011年的最高值250.76元，2012年却出现了显著的下降，仅为168.4元。粮食价格稳定政策在保障消费者收益方面存在的问题逐渐凸显，突出表现在粮食价格易涨难跌。在国内粮食生产持续增产、国内外粮价倒挂、粮食进口快速增长的背景下，我国粮食零售市场价格依然持续增长，并未出现预期的粮食价格下降。近年来，伴随粮食价格持续上涨，由于消费结构刚性与资产状况低下，低收入群体受到粮食价格上涨的负面影响程度日益加深（郭劲光，2010）。

3.6.2 国内外价格倒挂，国际粮食市场约束增强

与国内粮食价格稳中有涨不同，国际粮食价格自2012年以来因为连续丰收、消费相对低迷而进入整体下行阶段，国内外价格差距不断缩小，从2013年下半年开始，国内外大米和小麦价格先后持续倒挂。自2011年底以来，国内外粮食价格出现了倒挂现象，据农业部市场司监测，截至2016年12月，大米和小麦的国内外价差维持在27%～34%。国内稻谷和小麦虽供给充裕，但受价差驱动，进口量大幅增加。2016年，我国稻谷和小麦的进口量分别达到341.2万吨和356.3万吨，比2003年增长了6.6倍和12.8倍。在国内外粮价倒挂的形势下，粮食进口激增，这使得国际粮食市场对国内粮食市场的调控政策提出了巨大挑战。

对于粮食收储运产业发展来说，在新的形势与格局下，粮食收储运产业发展也必须要适应新形势的需要，直面国内外粮食市场的挑战，转变发展思路，创新发展模式。

第4章 农村劳动力流动与农业发展状况分析

4.1 农村劳动力流动政策演变

我国改革开放具有自下而上的特征，从农村地区开始，然后向城市改革延伸。伴随着经济体制的不断改革，关于农村劳动力流动的政策也发生了重大变化。根据农村劳动力流动的政策变动、流动途径、流动程度等变化，我国农村劳动力流动政策可分为四大阶段：1978～1983 年，"控制流动"下的起步阶段；1984～1991 年，"允许流动"到"控制盲目流动"下的就地转移阶段；1992～2000 年，"规范引导"下的外出务工主导阶段；2001 年至今，科学发展观指导下的自由流动阶段（欧阳慧，2010；毛隽，2011）。

4.1.1 "控制流动"阶段：1978～1983 年

改革开放初期，我国农村劳动力流动政策基本保持"控制流动"特征。从农村劳动力流动背景来看，农村劳动力流动是在农业生产效率快速提高、农村经济体制改革取得快速发展的基础上发展起来的。1978 年，我国开始实行家庭联产承包责任制，农业生产潜力得到充分发挥，农产品产量实现了快速提高。受到农村经济改革成功经验的推动，城市也开始逐步推进经济体制改革，但主要停留在部分岗位、部分行业与地区范围，主要是在维持户籍制度不变的情况下将部分"合同工""临时工"等职位向农民开放。在这一时期，各级政府出台了大量鼓励农村劳动力流动的政策，这不仅推动了农村劳动力的非农就业转移，也促进了农村地区非农产业尤其是乡镇企业的发展。不过就农村劳动力流动范围来看，这一时期的农村劳动力流动主要限制于本地流动，当时的经济体制改革与政策调整均未涉及户籍制度与城乡分割的二元经济体制。

表 4-1 1978～1983 年农村劳动力流动政策

文件序号	主要政策文件
1	1980 年 8 月，中共中央、国务院发布《关于进一步做好城镇劳动就业工作的意见》
2	1981 年 10 月，中共中央、国务院发布《关于广开门路，搞活经济，解决城镇就业问题的若干决定》
3	1981 年 12 月，国务院发布《关于严格控制农村劳动力进城务工和农业人口转为非农业人口的通知》

4.1.2 就地转移主导阶段：1984～1991 年

1984 年，我国经济体制改革逐渐从农村转向城市，经济格局也逐渐由以农村农业为主转向以城市为中心的经济结构及产业结构，城市收入分配、社会保障制度和财税制度等改革步伐逐渐加快。农村劳动力流动政策也逐渐由"允许流动"向"控制盲目流动"转变。为适应城市经济发展对劳动力的需求，1984 年国务院出台了《国务院关于农民进镇落户问题的通知》，放宽了农民进城进镇的限制，促进了农村剩余劳动力的转移。1986 年，国务院又颁布了《国营企业实行劳动合同制暂行规定》《国营企业招用工人暂行规定》，逐步放宽了国营企业招收农村劳动力的限制。伴随着经济的快速发展，尤其是在国家农村劳动力流动政策的鼓舞下，1984～1988 年我国农村劳动力转移数量快速增长，年均转移数量在 450 万人以上，其中 1984 年、1985 年农村劳动力转移数量均在 1100 万人以上。

但是，随着我国经济增长速度变缓，大规模劳动力流动产生的负面效应逐渐显现，尤其是交通运输、社会治安、劳动力管理等问题日益凸显。在城市经济体制改革步伐加快的形势下，城市失业问题也逐渐显现，农村劳动力的现实需求受到极大约束。在这样的背景下，国家出台了《国务院关于做好劳动就业工作的通知》《关于"农转非"政策管理工作分工意见的报告》等文件，逐渐加强对农村劳动力的管理。从 1989 年开始，我国农业劳动力转移逐渐进入了相对停滞时期，甚至出现了逆向流动现象。

表 4 - 2 　1984～1991 年农村劳动力流动政策

文件序号	主要政策文件
1	1981 年 1 月，中共中央发布《关于 1984 年农村工作的通知》
2	1984 年 10 月，国务院发布《关于农民进入集镇落户问题的通知》
3	1985 年 1 月，中共中央、国务院发布《关于进一步活跃农村经济的十项政策》
4	1986 年 7 月，国务院发布《关于国营企业招用工人的暂行规定》
5	1988 年 7 月，劳动部、国务院贫困地区经济开放领导小组发布《关于加强贫困地区劳动力资源开发工作的通知》
6	1989 年 3 月，国务院办公厅发布《关于严格控制民工外出的紧急通知》
7	1989 年 4 月，民政部、公安部发布《关于进一步做好控制民工盲目外流的通知》
8	1990 年 2 月，国务院办公厅发布《关于劝阻民工盲目去广东的通知》
9	1990 年 4 月，国务院发布《关于做好劳动就业工作的通知》
10	1991 年 10 月，民政部发布《关于进一步做好劝阻劝返外流灾民工作的通知》

4.1.3　外出务工主导阶段：1992～2000 年

1992 年开始，我国改革开放的步伐不断加快，尤其是东部沿海地区经济的快速发展，使外向型经济取得了快速发展，众多外资企业开始进入中国。城市工业的快速发展对农村廉价劳动力产生了巨大需求，极大地刺激了我国农村劳动力转移，农村劳动力流动政策也逐渐向规范管理阶段过渡。为了加强对大规模流动人口的有效管理，1994～1995 年，国家有关部门先后颁布了《农村劳动力跨省流动就业暂行规定》《关于加强流动人口管理工作的意见》等，推出了流动人口就业证和暂住证等制度，不断加强对流动总量与流向的管理。1998 年，亚洲爆发金融危机，亚洲经济受到巨大冲击，我国经济增长速度明显放缓，劳动力需求总量迅速下降，城市就业需求也快速减少，农村劳动力转移受到极大挑战。尽管国家采取了各种积极财政政策和户籍制度改革，但在经济需求约束情况下，城市对农村劳动力的需求显著下降，为此，国家对农村劳动力向城市转移采取了各种严格的管理措施，农村劳动力转移步伐逐步放慢。

表 4 - 3　1992 ~ 2000 年农村劳动力流动政策

文件序号	主要政策文件
1	1993 年 11 月，中共中央发布《关于建立社会主义市场经济体制若干问题的决定》
2	1993 年 11 月，劳动部发布《关于印发再就业工程和农村劳动力跨地区流动有序化——"城乡协调就业计划"第一期工程的通知》
3	1994 年 8 月，劳动部发布《关于促进劳动力市场发展，完善就业服务体系建设的实施计划》
4	1994 年 11 月，劳动部发布《关于农村劳动力跨省流动就业的暂行规定》
5	1995 年 9 月，中共中央和国务院办公厅发布《关于加强流动人口管理工作的意见》
6	1997 年 5 月，国务院发布《关于小城镇户籍管理制度改革试点方案》
7	1997 年 11 月，国务院办公厅发布《关于进一步做好组织民工有序流动工作的意见》
8	1998 年 6 月，中共中央、国务院发布《关于切实做好国有企业下岗职工基本生活保障和再就业工作的通知》
9	1998 年 9 月，国务院办公厅发布《关于做好灾区农村劳动力就地安置和组织民工有序流动工作意见的通知》
10	1998 年 10 月，中共中央发布《关于农业和农村工作若干重大问题的决定》
11	2000 年 1 月，劳动部发布《关于做好农村富余劳动力流动就业工作的意见》

4.1.4　自由流动阶段：2001 年至今

2001 年 11 月中国加入 WTO，2002 年中国正式履行世贸组织成员的义务，国内经济社会环境发生了深刻的变化。依靠劳动力近似无限供给发展起来的低层次产业结构受到了严峻挑战，依然严峻的城乡二元经济结构体系严重束缚着我国的经济增长潜力。在这样的背景下，我国农村劳动力流动政策发生了重大变化，农村劳动力流动政策逐渐由限制流动向鼓励流动转变。在这一阶段，国家出台了大量政策，逐渐清除了农村劳动力流动的约束。2001～2006 年，国家出台了各种政策，不断提高流转农民的保障水平，加大了农民工的职业培训、子女教育和劳动保障等投入；2008 年，国务院出台了鼓励农民工就业的政策，出台了多项促进农民工就业的措施。与此同时，各级政府不断加快了户籍制度改革步伐，逐渐解除了农村劳动力自由流动的制度约束。综合来看，我国农村劳动力流动政策更加重视公平、融合问题，不断推进了劳动力自由流动的制度体系建设，城乡二元经济结构得到了极大改善，在推动城乡劳动力市场一体化建设等方面迈出了实质性的步伐。

表 4 - 4   2001～2011 年农村劳动力流动政策

文件序号	主要政策文件
1	2001 年，中央政府发布《中华人民共和国国民经济和社会发展第十个五年计划纲要》
2	2001 年 3 月，国务院转批公安部《关于推进小城镇户籍管理制度改革的意见》
3	2001 年 5 月，国家计委发布《国民经济和社会发展第十个五年计划城镇化发展重点专项规划》
4	2003 年 3 月，劳动和社会保障部发布《关于农民工适用劳动法律有关问题的复函》
5	2003 年 12 月，财政部、劳动保障部、公安部、教育部、人口计生委联合发布《关于将农民工管理等有关经费纳入财政预算支出范围有关问题的通知》
6	2004 年 2 月，建设部发布《建设部关于进一步解决拖欠农民工工资问题的紧急通知》
7	2005 年 2 月，劳动和社会保障部发布《关于废止〈农村劳动力跨省流动就业管理暂行规定〉及有关配套文件的通知》
8	2005 年 5 月，劳动和社会保障部发布《关于加强建筑等行业农民工劳动合同管理的通知》
9	2005 年 9 月，劳动和社会保障部等九部门联合发布《关于进一步解决拖欠农民工工资问题的通知》
10	2006 年 1 月，国务院发布《国务院关于解决农民工问题的若干意见》
11	2006 年 4 月，劳动和社会保障部发布《关于贯彻落实国务院关于解决农民工问题的若干意见的实施意见》
12	2006 年 5 月，劳动和社会保障部发布《关于开展农民工参加医疗保险专项扩面行动的通知》
13	2006 年 5 月，劳动和社会保障部发布《关于实施农民工"平安计划"加快推进农民工参加工伤保险工作的通知》

续表

文件 序号	主要政策文件
14	2006 年 10 月，劳动和社会保障部与国家开发银行办公厅发布《关于下达农民工培训示范基地建设工程备选项目和第二期试点项目的通知》
15	2006 年 12 月，劳动和社会保障部与建设部联合发布《关于做好建筑施工企业农民参加工伤保险有关工作通知》
16	2007 年 6 月 29 日，十届全国人大常委会第二十八次会议审议通过《中华人民共和国劳动合同法》
17	2007 年 8 月 30 日，十届全国人大常委会第二十九次会议审议通过《中华人民共和国就业促进法》
18	2007 年 12 月 29 日，十届全国人大常委会第三十一次会议审议通过《中华人民共和国劳动争议调解仲裁法》
19	2008 年 5 月，国务院农民工工作联席会议办公室发布《关于做好抗震救灾期间农民工工作的紧急通知》
20	2008 年 12 月，国务院办公厅发布《关于切实做好当前农民工工作的通知》
21	2009 年 5 月，人力资源社会保障部、财政部发布《关于进一步规范农村劳动者转移就业技能培训工作的通知》
22	2009 年 7 月，住房建设部、人力资源和社会保障部联合发布《关于做好建筑业农民工技能培训示范工程工作的通知》
23	2010 年 10 月，十一届全国人大常委会第十七次会议审议通过《中华人民共和国社会保险法》
24	2010 年 12 月，国务院国有资产监督管理委员会发布《关于中央企业做好农民工工作的指导意见》

4.2　农村劳动力流动状况分析

随着农村劳动力流动政策改革的不断深入，农村劳动力流动方式也发生了重大变化，农村劳动力流动规模不断快速扩大，流动方式也发生了显著变化。近年来不仅农村劳动力从事非农就业的活动快速发展，农村人口向城市迁移的数量也出现了快速增长，使得我国城镇人口比例已经超过了50%。

4.2.1　我国农村劳动力就业的部门结构

目前，农村劳动力流动表现为具有中国特色的农村劳动力外出务工现象，对于绝大多数农民来说是在保持原有户籍关系的情况下，利用农闲时间外出务工。若从农户家庭角度来说，农村劳动力流动表现为部分家庭成员外出务工，部分家庭成员进行农业生产、照顾家庭、抚育子女等现象，这导致农业生产投入中劳动力结构发生重大变化。综合来看，对于农业生产来说，农村劳动力的非农就业使得农业劳动力投入具有兼业行为性质，从而对农业生产的要素投入总量与投入结构产生影响。

表4-5的数据显示：我国农村人口总量与从业人数均呈不断增长态势，但农业部门从业人员总量及比重均呈下降趋势，非农部门就业人员总量及比重均呈增长趋势。

1980~2010年，我国乡村人口总量从1980年的约8.1亿人持续增加到约9.66亿人，增长了近1.6亿人，增长幅度约20%；乡村从业人员总量从1980年的约3.18亿人持续增加到2010年的约5.32亿人，增长了约2.14亿人，增长幅度超过了67%；农业部门从业人员总量出现了先增后降趋势，农业部门从业人员总量从1980年的约2.98亿人增加到1999年的约3.29亿人后，持续下降到2010年的约2.77亿人，但是农业部门从业人员占乡村从业人员的比例基本处于下降趋势，从1980年的93.63%持续下降到2010年的52.01%；非农部门从业人员总量从1980年的2027万人持续增加到2010年的约2.55亿人，增长了超过2.3亿人，非农部门从业人员占乡村从业人员的比例保持着持续快速的增长趋势，从1980年的6.37%持续增长到2010年的

47.99%，增长了近 7 倍，由此可见，非农就业逐渐成为农村劳动力的重要就业渠道，并保持着持续发展的态势。

表 4-5　我国农村劳动力总量及就业结构

部门 年份	乡村人口数 （万人）	乡村从业人员 （万人）	农业部门 （万人）	非农部门 （万人）	农业部门 （％）	非农部门 （％）
1980	81096	31836	29808	2027	93.63	6.37
1981	81881	32762	30678	2084	93.64	6.36
1982	82799	33867	31153	2714	91.99	8.01
1983	83536	34690	31645	3045	91.22	8.78
1984	84301	35968	31685	4283	88.09	11.91
1985	84420	37065	30351	6714	81.89	18.11
1986	85007	37990	30468	7522	80.2	19.8
1987	85713	39000	30870	8130	79.15	20.85
1988	86725	40067	31456	8611	78.51	21.49
1989	87831	40939	32441	8498	79.24	20.76
1990	89590	42010	33336	8673	79.35	20.65
1991	90525	43093	34186	8906	79.33	20.67
1992	91154	43802	34037	9765	77.71	22.29
1993	91334	44256	33258	10998	75.15	24.85
1994	91526	44654	32690	11964	73.21	26.79
1995	91675	45042	32335	12707	71.79	28.21
1996	91941	45288	32260	13028	71.23	28.77
1997	91525	45962	32435	13527	70.57	29.43
1998	91960	46432	32626	13806	70.27	29.73
1999	92216	46897	32912	13985	70.18	29.82
2000	92820	47962	32798	15165	68.38	31.62
2001	93383	48229	32451	15778	67.29	32.71
2002	93503	48527	31991	16536	65.92	34.08
2003	93751	48971	31260	17711	63.83	36.17
2004	94254	49695	30596	19099	61.57	38.43

续表

部门 年份	乡村人口数 （万人）	乡村从业人员 （万人）	农业部门 （万人）	非农部门 （万人）	农业部门 （%）	非农部门 （%）
2005	94908	50387	29976	20412	59.49	40.51
2006	—	—	—	—	—	—
2007	95095	51436	28641	22795	55.68	44.32
2008	95580	52026	28363	23663	54.52	45.48
2009	96111	52599	28065	24534	53.36	46.64
2010	96619	53244	27695	25549	52.01	47.99

注："—"表示数据不可获得，乡村人口数主要是指户口在乡村的常住人口。

资料来源：《中国农村统计年鉴》《中国统计年鉴》《中国农业年鉴》。

随着农村劳动力就业结构的变动，农民收入结构发生了重大变化。1992 年以来，农村劳动力外出务工数量呈现波动上升现象，工资收入逐渐成为农民的重要收入来源，并出现超越家庭经营性收入趋势，农民收入结构发生重要变化，这反映出农民就业行为将发生根本性改变。1992 ~ 2011 年，农民收入结构可分为两个阶段：1993 ~ 2003 年的持续增长阶段，在该阶段农民工资性收入比例从 1993 年的 21% 持续增长到 2003 年的 35%；2004 ~ 2011 年的波动上升阶段，2004 年农民工资性收入比例有所下降，然后持续增长到 2011 年的 42.5%，其中 2004 ~ 2006 年增长速度较快，两年间农民工资性收入比例从 34% 增长到 38%。与工资收入快速增长相比，农民家庭经营性收入呈现持续的下降趋势，1992 ~ 2011 年农民家庭经营性收入比例从 1993 年的最高值 73.6% 持续下降到 2011 年的 46%，20 年间农民家庭经营性收入比例下降达到 27% 以上。1992 年以来，农民家庭财产性收入与转移性收入增长非常缓慢，农民家庭财产性收入与转移性收入比例仅从 1992 年的 4.85% 增长到 2011 年的 11.34%。

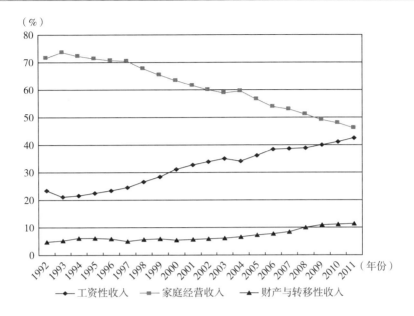

图 4 - 1　1992～2011 年我国农民纯收入结构

4.2.2　我国农村劳动力非农就业的行业结构

　　表 4 - 6 的数据显示：随着经济的快速发展，我国农村劳动力就业结构方式发生了显著变化，农业从业人员比重快速下降，非农产业的快速发展，工业、建筑业、批发零售贸易业及餐饮业、其他非农行业从业人员比重快速增长，逐渐成为农村劳动力流动的主要去向。从农村劳动力非农就业结构来看，工业行业就业人员比重增长最快，工业行业就业人员占乡村从业人员的比重从 1980 年的 2.88% 持续增长到 2010 年的 16.13%，增长了 4 倍以上；建筑业就业人员比重也保持较快增长，建筑业从业人员占乡村从业人员的比重从 1982 年的 1.12% 持续增长到 2010 年的 9.30%；批发零售贸易业及餐饮业从业人员占乡村从业人员的比重从 1985 年的 1.25% 持续增长到 2010 年的 7.52%；其

他非农行业从业人员占乡村从业人员的比重从 1985 年的 3.56% 持续增长到 2010 年的 11.73%；交通运输、仓储及邮电通信业从业人员占乡村从业人员的比重从 1982 年的 0.34% 持续增长到 2010 年的 3.3%。

表 4-6　我国农村劳动力就业的行业结构　　　　单位:%

年份 行业	农林牧渔业	工业	建筑业	交通运输、仓储及邮电通信业	批发零售贸易业及餐饮业	其他非农行业
1980	93.63	2.88	—	—	—	—
1981	93.64	2.70	—	—	—	—
1982	91.99	2.60	1.12	0.34	—	—
1983	91.22	2.52	1.39	0.46	—	—
1984	88.09	8.97	2.25	0.88	—	—
1985	81.89	7.40	3.05	1.17	1.25	3.56
1986	80.20	8.26	3.45	1.33	1.40	3.52
1987	79.15	8.45	3.67	1.44	1.56	3.85
1988	78.51	8.52	3.81	1.51	1.64	4.13
1989	79.24	7.95	3.67	1.50	1.59	6.04
1990	79.35	7.69	3.62	1.51	1.65	6.17
1991	79.33	7.58	3.56	1.52	1.68	6.33
1992	77.71	7.92	3.79	1.61	1.86	7.12
1993	75.15	8.27	4.26	1.81	2.14	8.37
1994	73.21	8.62	4.61	2.03	2.43	9.10
1995	71.79	8.82	4.89	2.18	2.60	9.72
1996	71.23	8.87	5.09	2.27	2.79	9.75
1997	70.57	8.77	5.16	2.30	3.01	10.19
1998	70.27	8.46	5.28	2.34	3.15	10.50
1999	70.18	8.43	5.40	2.38	3.38	10.23
2000	68.38	8.57	5.61	2.44	3.65	11.35
2001	67.29	8.91	5.80	2.50	3.87	11.64
2002	65.92	9.28	6.10	2.59	4.11	11.98
2003	63.83	10.08	6.54	2.71	4.21	12.63
2004	61.57	10.94	6.80	2.97	5.44	12.28

年份 \ 行业	农林牧渔业	工业	建筑业	交通运输、仓储及邮电通信业	批发零售贸易业及餐饮业	其他非农行业
2005	59.49	11.93	7.25	2.84	5.83	12.39
2006	—	—	—	—	—	—
2007	55.68	14.36	8.26	3.02	6.53	11.80
2008	54.52	14.84	8.55	3.11	6.91	11.67
2009	53.36	15.47	8.91	3.19	7.20	11.88
2010	52.01	16.13	9.30	3.30	7.52	11.73

注："—"表示数据不可获得。

资料来源：国际食物政策研究所（IFPRI）整理的数据集"China：Government Expenditure，Growth，Poverty，and Infrastructure，1952－2001"、《中国农村统计年鉴》《中国统计年鉴》《中国农业年鉴》。

4.2.3　农村人口迁移步伐不断加快

随着户籍制度的改革进程加快，农村人口迁移出现快速增长趋势，突出表现在城镇化进程快速推进、城镇人口快速增长。就人口迁移的影响来看，农村人口迁移减少了农村人口总量，在一定程度上可能促进农业生产规模化发展，但也可能导致农村人口结构发生变动，使得农业生产技术及效率下降。

1992 年以来，我国农村人口转移规模持续增长，并于 2011 年首次实现城镇人口超过农村人口，我国城乡人口结构发生了根本性转变，而且这一趋势有显著的增强现象。1992～2011 年，我国农村人口转移大致可分为两个阶段：1992～1995 年的缓慢增长阶段，在该阶段城镇人口比例从 1992 年的 27.46% 缓慢增长到 1995 年的 29.04%；1996～2011 年的持续快速增长阶段，在该阶段城镇人口比例几乎呈直线趋势增长，城镇人口比例从 1996 年的 30.48% 持续增长到 2011 年的 51.3%。由此可见，伴随我国经济的快速发展、工业化、城市化进程加剧，我国农村人口转移数量仍将保持快速增长。

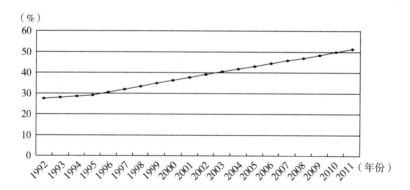

图 4 - 2 1992~2011 年我国城镇人口占总人口比例

4.3 我国农业生产发展状况分析

4.3.1 农产品产量变动与生产结构变化分析

1. 我国农产品产量变动

改革开放以来，我国农业生产取得了突破性发展，粮食产量实现了历史性跨越。1978 年以来，我国粮食产量基本处于波动上升阶段，不断实现了总产量的突破。大体可以分为三大阶段：1978~1999 年的波动上升阶段，2000~2003 年的快速下降阶段，2004~2011 年的连续增产阶段。1978~1999 年，我国粮食产量基本处于上升阶段，具有明显的趋势性，粮食总产量从 1978 年的 3 亿多吨增长到 1999 年的 5 亿多吨，在经历几年的徘徊后，粮食总产量在 1996~1999 年达到历史性的突破，总产量超过了 5 亿吨。就具体品种来看，1978~1999 年，我国三大谷物产量基本处于波动增长阶段，稻谷总产量从 1978 年的约 2.47 亿吨持续增长到 1998 年的约 4.56 亿吨，其中，稻谷、玉米、小麦均保持着较好的增长态势；豆类、薯类作物总体处于增长趋势，但由于豆类、薯类作物生产与谷物生产具有一定的替代关系，所以这期间豆类、薯类产量的波动较大，棉花表现出来的特征更加明显，随着谷物产量持续增产，棉花产量出现了一定的下降。在这期间，随着农产品产量的波动，我国粮食供求状况也不断发生着复杂的变动，粮食价格涨落幅度较大，粮食紧张、供给不足、粮食过剩、财政困难等问题交替出现，使得这期间我国粮食政策发生了较大变动。

由于 1996～1999 年粮食连续增产，粮食供给出现了大幅度增长，使得国家粮食储备快速增长，出现了较严重的卖粮难现象，农民的种粮积极性受到巨大打击。2000～2003 年，我国粮食生产出现了改革开放以来最大幅度的减产，粮食产量从 1999 年的约 5.08 亿吨持续下降到 2003 年的约 4.3 亿吨，谷物产量从 1999 年的约 4.5 亿吨持续下降到 2003 年的约 3.7 亿吨，稻谷产量从 1999 年的约 2 亿吨持续下降到 2003 年的约 1.6 亿吨，小麦从 1999 年的约 1.1 亿吨下降到 2003 年的约 0.9 亿吨，这使得我国粮食供应在 21 世纪出现了最紧张的局面。当然，我们也注意到在这期间，玉米产量保持着持续增长，并且超过小麦产量，成为了我国第二大作物。与主要谷物产量下滑相反，豆类作物生产基本处于稳定的增长状态，薯类、油料、棉花的总产量也基本保持相对稳定。

2004 年以来，我国的粮食总产量呈现持续增产趋势，其中稻谷、小麦、玉米等谷物生产也实现了连续增产。2011 年，我国谷物产量达到了历史最高水平，达到 51939 万吨，与 1990 年相比，增产 13501 万吨，比 2000 年增产 11417 万吨；与 1990 年相比，2011 年稻谷增产 1167 万吨，2011 年比 2000 年稻谷增产 1309 万吨；与 1990 年相比，2011 年小麦增产 1917 万吨，2011 年比 2000 年小麦增产 1776 万吨；

与 1990 年相比，2011 年玉米增产 9596 万吨，2011 年比 2000 年玉米增产 8678 万吨。但是，豆类与薯类作物生产基本处于徘徊略有下降趋势。1990 ~ 2011 年，我国豆类作物产量呈现先升后降趋势，相对比重下降幅度较大。

2004 年开始，国家大幅度调高了粮食的最低收购价格，并相继取消了实行千年的农业税，加大了对农业生产的良种、农机等补贴力度。2004 年以来，我国粮食生产实现了持续快速增长，实现了历史性的 9 连增。我国粮食生产保持了连续增产态势，各主要粮食作物也保持持续增产。在粮食生产面积变化不大的情况下，2011 年全国粮食总产量达到 57121 万吨，创历史最高水平，比 1949 年增长近 4 倍，比 1978 年增长 70% 以上。同时，我们也发现了农业生产变动新特征，谷物产量增长趋势明显，而豆类、油料、棉花产量增长缓慢，甚至出现明显的下降。从谷物生产内部来看，稻谷、玉米增长最快，其中玉米基本处于连续的快速增长，玉米逐渐成为我国农业生产中的第二大农作物。由于玉米、豆类作物属于同期作物，由此可以看出我国农业生产中出现了玉米增长与豆类下降相伴现象。

表 4 – 7　1978 ~ 2011 年我国农产品产量　　　　　　　单位：万吨

年份	粮食	谷物	稻谷	小麦	玉米	豆类	薯类	油料	棉花
1978	30477	24672	13693	5384	5595	—	3174	522	217
1979	33212	26652	14375	6273	6004	—	2846	644	221
1980	32056	25771	13991	5521	6260	—	2873	769	271
1981	32502	26280	14396	5964	5921	—	2597	1021	297
1982	35450	29063	16160	6847	6056	—	2705	1182	360
1983	38728	31846	16887	8139	6821	—	2925	1055	464
1984	40731	33948	17826	8782	7341	—	2848	1191	626
1985	37911	31820	16857	8581	6383	—	2604	1578	415
1986	39151	33312	17222	9004	7086	—	2534	1474	354

续表

年份	粮食	谷物	稻谷	小麦	玉米	豆类	薯类	油料	棉花
1987	40473	34201	17442	8777	7982	—	2820	1528	425
1988	39408	33189	16911	8543	7735	—	2697	1320	415
1989	40755	34987	18013	9081	7893	—	2730	1295	379
1990	44624	38438	18933	9823	9682	—	2743	1613	451
1991	43529	39566	18381	9595	9877	1247	2716	1638	568
1992	44266	40170	18622	10159	9538	1252	2844	1641	451
1993	45649	40517	17751	10639	10270	1950	3181	1804	374
1994	44510	39389	17593	9930	9928	2096	3025	1990	434
1995	46662	41612	18523	10221	11199	1788	3263	2250	477
1996	50454	45127	19510	11057	12747	1790	3536	2211	420
1997	49417	44349	20073	12329	10431	1876	3192	2157	460
1998	51230	45625	19871	10973	13295	2001	3604	2314	450
1999	50839	45304	19849	11388	12809	1894	3641	2601	383
2000	46218	40522	18791	9964	10600	2010	3685	2955	442
2001	45264	39648	17758	9387	11409	2053	3563	2865	532
2002	45706	39799	17454	9029	12131	2241	3666	2897	492
2003	43070	37429	16066	8649	11583	2128	3513	2811	486
2004	46947	41157	17909	9195	13029	2232	3558	3066	632
2005	48402	42776	18059	9745	13937	2158	3469	3077	571
2006	49804	45099	18172	10847	15160	2004	2701	2640	753
2007	50160	45632	18603	10930	15230	1720	2808	2569	762
2008	52871	47847	19190	11246	16591	2043	2980	2953	749
2009	53082	48156	19510	11512	16397	1930	2995	3154	638
2010	54648	49637	19576	11518	17725	1897	3114	3230	596
2011	57121	51939	20100	11740	19278	1908	3273	3307	659

资料来源：《中国农村统计年鉴》《中国统计年鉴》。

2. 农作物生产面积变动

从改革开放以来的农作物生产面积变动来看，农作物生产面积大致可以分为两大阶段：一是 1978～1985 年的农作物生产面积下降阶段，二是 1986 年至今的农作物生产面积波动上升阶段。1978～1985年，我国农作物生产面积出现明显的缩减现象，农作物总播种面积从1978 年的 150104 千公顷下降到 1985 年的 143626 千公顷，粮食播种面积从 1978 年的 120587 千公顷下降到 1985 年的 108845 千公顷；谷物播种面积从 1978 年的 83565 千公顷下降到 1985 年的 78982 千公顷，其中稻谷、玉米的播种面积下降最为明显，稻谷的播种面积从 1978 年的34421 千公顷下降到 1985 年的 32070 千公顷，玉米的播种面积从 1980年的 20087 千公顷下降到 1985 年的 17694 千公顷；薯类作物的播种面积也显著缩减，从 1978 年的 11796 千公顷持续下降到 1985 年的 8572千公顷；不过，在这期间，油料、棉花的生产面积显著增长，油料作物的生产面积从 1978 年的 6222 千公顷持续增长到 1985 年的 11800 千公顷，棉花的生产面积从 1978 年的 4866 千公顷持续增长到 1984 年的6923 千公顷。

1986～2011 年，我国农作物总播种面积处于波动上升阶段，但是不同类型农作物生产的变化特征差异较大。1986～2011 年，农作物播种面积从 1986 年 144204 千公顷增长到 2011 年的 162283 千公顷，虽然经历过一定幅度的下降，但总体呈现增长态势。粮食作物播种面积呈现较大的波动，1986～1999 年粮食播种面积基本处于相对稳定状态，但是 2000～2003 年粮食播种面积出现大幅度下降，2004 年以来粮食播种面积出现了持续的恢复性增长，但是仍没有超过历史高位水平，所以总体来看粮食播种面积呈现波动下降，其中谷物生产面积变动也表现出类似特征，豆类、薯类作物生产面积下降相对缓慢，不过下降趋势更加明显。相对来说，油料作物生产面积总体相对稳定，尤其是1986～2005 年，油料作物生产面积基本处于稳定增长状态，但是 2006～2007 年油料作物生产面积大幅度下降，虽然 2008～2011 年有所恢复，但生产面积仍较低。

（千公顷）

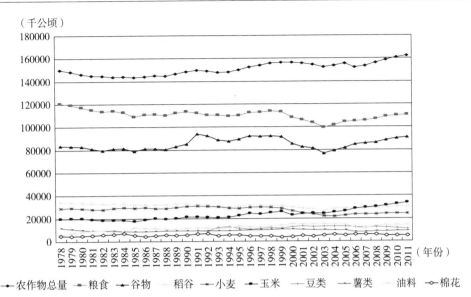

图 4 - 3　我国主要农产品播种面积变动

3. 我国主要农产品单产变动

　　农产品单位面积产量综合反应了农业生产投入、农业新品种新技术的应用、农业综合生产效率等状况。改革开放以来，我国主要农产品尤其是粮食等作物的单产水平均呈现明显的增长态势。1978～2011年，粮食单位面积产量从1978年的2527千克/公顷持续增长到2011年的5166千克/公顷，增长约1倍，其中三大谷物单位面积产量增长速度更快。谷物单产水平增长速度惊人，尤其是三大谷物单产水平的增长已经成为推动我国谷物生产乃至粮食生产增产的最主要动力，谷物单位面积产量从1991年的4206千克/公顷持续增长到2011年的5707千克/公顷，其中稻谷单位面积产量从1978年的3978千克/公顷持续增长到2011年的6687千克/公顷，小麦单位面积产量从1978年的1845千克/公顷持续增长到2011年的4837千克/公顷，玉米单位面积产量从1978年的2803千克/公顷持续增长到 2011 年的 5748 千克/公顷。油料与棉花单产也保持稳定的增长态势，油料作物单位面积产量从 1978 年的 839 千克/公顷持续增长到 2011 年的 2387 千克/公顷，棉花单位面积产量从 1978 年的 445 千克/公顷持续增长到 2011 年的 1308 千克/公顷。不过，豆类作物单产增长速度相对缓慢，豆类作物单位面积产量从 1991 年的 1361 千克/公顷持续增长到 2011 年的 1792 千克/公顷，远低于同期其他作物的增长幅度。

就近十年来看，除豆类外，我国主要农产品尤其是粮食的单产基本保持着稳定的增长，也推动了我国粮食总产量的连续增长。2000 年以来，我国粮食单产水平增长了约 20%，粮食单产水平从 2000 年的 4261 千克/公顷持续增长到 2011 年的 5166 千克/公顷，年均增速约为 1.68%。从亩产来看，2000 年以来，我国粮食的平均生产能力得到显著提高，粮食生产的收益增长显著。

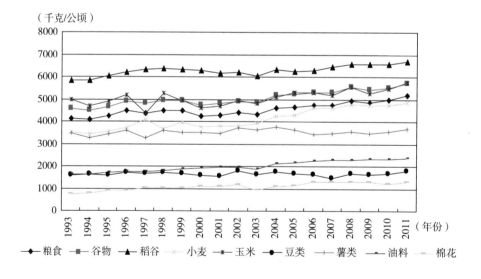

图 4-4　我国主要农产品单产变动

4.3.2 我国农业生产要素投入结构变动

1. 农业生产条件总体情况

农业生产条件对粮食生产能力具有重要影响，改革开放以来，我国农业生产条件得到了较大改善。就农业生产规模变化来看，伴随农村劳动力流动规模的扩大，农业生产的规模化程度有较大幅度提高。1990年以来，我国人均农村居民家庭经营耕地面积基本维持2亩/人左右，近年来人均耕地面积出现明显的上升趋势。尤其是2004年以来，农村居民家庭经营耕地面积呈现较明显的增长现象，从2004年的2亩/人持续增长到2011年的2.3亩/人，达到历史最高水平。但是，若考虑到我国耕地总量的变动，我们就会发现，近年来的人均耕地面积在某种程度上可能反映了农业生产平均规模的提高。因为，1996年后，我国耕地资源数量呈明显减少趋势，从1996年的19.5亿亩下降到2006年的18.3亿亩，2008年的耕地面积为18.26亿亩，累计减少约1.2亿亩，十几年来减少6%以上，逼近18亿亩红线。在耕地面积总量下降的情况下，人均耕地面积上升的原因主要是由于人口快速下降所致，由此也可以理解为农业生产规模不断扩大的过程。这也反映出，农村劳动力流动带来农村人口数量的下降，并使得农业生产的规模化程度有较大幅度提高。

农业现代化过程通常表现为农业生产方式的重大转变，通常表现为农业机械使用规模的增长，农业生产的资本化程度将大大提高，这在我国表现得非常突出。从农村居民家庭生产性固定资产变动来看，1990年以来我国农民人均占有的固定资产数量快速增长，农业生产的资本密集度也有了显著增长，1995年农村居民家庭生产性固定资产为2774元/户，2011年增长到10706元/户，首次突破了1万元/户。由于该指标反映的是农村居民家庭占有的固定资产情况，若考虑农村人口流动的特征，实际从事农业生产人口的规模要大大降低，那么，农业生产的资本化倾向可能更加显著。

1990 年以来，我国农业机械总动力继续保持较快增长势头，从 1990 年的 28708 万千瓦持续增长到 2011 年的 9.77 亿千瓦，20 年间增长了近 3 倍，农业排灌柴油机数量从 1993 年的 455 万台增长到 2011 年的 968 万台，增长了 1 倍以上，这使得我国农业机械化程度得到显著提高。在农村劳动力转移逐渐加快的情况下，农业机械化程度的不断提高能够有效缓解粮食生产中劳动供给不足的压力。

不过从农村居民家庭每百户拥有机械数量变动来看，我国农村居民平均拥有机械的数量出现了显著的增长，但是近年来的增长并不显著。总体来看，1990 年以来农村居民家庭每百户拥有机械的数量出现不同程度的增长，农村居民家庭每百户拥有大中型机械数量从 1993 年的 0.64 台增长到 2011 年的 3.98 台，基本处于连续增长趋势，增长了 5 倍以上；农村居民家庭每百户拥有小型拖拉机数量从 1993 年的 8.4 台增长到 2011 年的 19.85 台，增长了 1 倍以上；农村居民家庭每百户拥有脱粒机数量从 1993 年的 5.3 台增长到 2011 年的 10.43 台，增长了近 1 倍；农村居民家庭每百户拥有农用水泵数量从 1993 年的 8.54 台增长到 2011 年的 23.61 台，增长近 1.5 倍以上。

若从近十年来的情况看，我们发现农村居民家庭每百户拥有小型拖拉机数量、脱粒机数量、农用水泵数量增长并不是非常显著，甚至出现了一定的下降现象，但是农村居民家庭每百户拥有大中型机械数量继续保持快速增长，这在某种程度上反映了农村劳动力流动对农业生产机械使用行为的影响。在农村劳动力流动性增强的背景下，农民更加倾向通过外雇或租赁农机的方式进行农业生产，如土地深耕、作物收获、农产品运输等，此趋势可以从近年来农业生产中的租赁费用快速增长体现出来，这在某种程度上促进了专业农业机械服务的发展，使得农业生产中的大中型拖拉机数量快速增长。

表 4 – 8   1990 ~ 2010 年我国农业生产条件变化

项目 年份	农村居民 家庭经营 耕地面积 （亩/人）	农业生产 性固定资 产原值 （元/户）	农用机械 总动力 （万千瓦）	农业排灌 柴油机数 量（万台）	农村居民家庭每百户 拥有机械数量（台）				化肥使用 量（万吨）
					大中型 拖拉机	小型 拖拉机	脱粒机	农用 水泵	
1990	—	—	28708	—	—	—	—	—	—
1991	—	—	29389	—	—	—	—	—	—
1992	2.06	—	30308	—	—	—	—	—	—
1993	2.17	—	31817	455	0.64	8.4	5.3	8.54	3152
1994	2.18	—	33803	471	0.79	8.77	5.15	7.9	3318
1995	2.17	2088	36118	491	0.77	9.93	6.33	9.07	3594
1996	2.3	—	38547	509	0.99	12.46	6.87	10.97	3828
1997	2.07	—	42016	546	1.39	14.26	7.41	12.12	3981
1998	2.06	—	45208	582	1.22	14.34	8.58	13.73	4084
1999	2.07	2915	48996	645	1.44	16.28	8.35	14.02	4124
2000	1.98	3322	52574	688	1.41	16.72	9.59	17.73	4146
2001	1.99	3544	55172	729	1.5	17.41	9.28	19.92	4254
2002	2	3741	57930	751	1.53	18.48	9.62	21.53	4339
2003	1.96	4153	60387	750	1.79	18.93	10.06	21.12	4412
2004	2	4457	64028	778	2.24	18.78	10.12	22.06	4637
2005	2.08	5179	68398	810	2.13	20.24	8.69	21.03	4766
2006	2.11	5452	72522	836	2.39	21.06	9.44	22.12	4928
2007	2.16	6006	76590	861	2.85	19.1	9.76	23.35	5108
2008	2.18	6538	82190	898	3.12	18.99	10.26	24.1	5239
2009	2.26	6992	87496	925	3.37	19.39	10.48	25.12	5404
2010	2.28	7444	92781	946	3.36	19.45	10.62	25.88	5562
2011	2.3	10770	97700	968	3.98	19.85	10.43	23.61	5704

资料来源：《中国农村统计年鉴》《中国统计年鉴》。

2. 农业生产要素投入状况分析

就粮食生产来看，我国粮食生产投入结构发生了较大变动，化肥、机械类要素投入呈现长期增长趋势，而劳动要素投入呈现相对下降趋势，但是粮食生产的成本增长显著。从粮食生产平均要素投入变动来看，2000~2010 年，粮食每亩用工数量出现显著的下降趋势，每亩用工数量从 2000 年的 12.2 日持续下降到 2010 年的 6.93 日，十年间粮食生产每亩用工数量下降近 50%。虽然粮食生产用工数量下降显著，但是粮食生产的用工费用增长显著，每亩用工费用从 2000 年的 126 元持续增长到 2010 年的 227 元，增长了近 80%。从用工成本结构可以看出，粮食生产用工费用增长主要是由于家庭用工成本提高引致的，家庭用工日工资从 2000 年的 10 元/天持续增长到 2010 年的 31.3 元/天。就粮食生产的人工成本变动来看，2000 年以来，粮食生产每亩人工成本增长迅速，其中家庭用工折价增长较快，主要是由家庭用工工价增长引起的，雇佣工数量变动不大，但雇佣工工价增长迅速。

粮食每亩化肥使用量呈现小幅增长现象，2000 年以来粮食生产每亩化肥使用量基本维持在 20 千克以上，但自 2006 年以来，粮食生产化肥使用量出现了一定上升趋势，从 2006 年的 20.96 千克/亩增长到 2010 年的 22.98 千克/亩。虽然化肥用量增长缓慢，但粮食生产每亩化肥费用增长显著，从 2000 年的 57.37 元/亩持续增长到 2010 年的 110.94 元/亩，增长了近 1 倍，可见这主要是由化肥价格增长引起的。2000 年以来每亩粮食种子用量出现了一定下降，从 2000 年的 7.54 千克/亩下降到 2010 年的 6.61 千克/亩。2000 年以来每亩粮食农膜用量也出现了一定下降，从 2000 年的 0.2 千克/亩下降到 2010 年的 0.17 千克/亩。

2000 年以来粮食生产的物质与服务增长主要是由粮食生产直接费用引起的，受农业税取消政策影响，粮食生产间接费用下降显著。

2000~2010 年，粮食生产物质与服务费用从 2000 年的 182.87 元/亩增长到 2010 年的 312.49 元/亩，增长幅度超过 70%，其中直接费用从 2000 年的 153.33 元增长到 2010 年的 303.93 元，占物质与服务费用的比例达到 97% 以上。从直接费用结构来看，化肥费、租赁作业费、种子费、农药费、农家肥费用等所占比重较大，其中化肥费、租赁作业费、种子费增长较快。

表 4-9　粮食生产单位面积要素投入结构

项目 \ 年份	2000	2005	2006	2007	2008	2009	2010
一、生产要素投入（千克/亩）	40.24	36.53	36.28	36.5	35.62	35.72	36.69
1. 每亩用工数量	12.2	9.59	8.68	8.18	7.69	7.22	6.93
2. 每亩化肥用量	20.3	20.29	20.96	21.67	21.28	21.74	22.98
3. 每亩种子用量	7.54	6.47	6.46	6.48	6.48	6.60	6.61
4. 每亩农膜用量	0.2	0.18	0.18	0.17	0.17	0.16	0.17
二、每亩物质与服务费用（元/亩）	182.87	211.63	224.75	239.87	287.78	297.40	312.49
（一）直接费用	153.33	203.62	218.54	233.93	281.71	290.35	303.93
1. 种子费	18.94	24.90	26.29	27.57	30.58	33.58	39.74
2. 化肥费	57.37	84.31	86.81	90.80	118.49	117.55	110.94
3. 农家肥费	8.87	9.03	8.89	7.63	8.60	8.54	9.65
4. 农药费	8.12	14.38	16.15	18.17	20.61	20.66	22.39
5. 农膜费	1.78	2.01	2.10	2.17	2.37	2.05	2.34
6. 租赁作业费	50.66	63.26	73.28	82.98	96.20	102.20	113.19
7. 燃料动力费	0.09	0.42	0.33	0.16	0.23	1.12	0.68
8. 技术服务费	—	0.09	0.07	0.05	0.02	0.02	0.02
9. 工具材料费	0.18	2.60	2.71	2.74	3.09	3.26	3.40
10. 修理维护费	3.24	1.63	1.49	1.42	1.51	1.36	1.57
11. 其他直接费用	4.08	0.99	0.42	0.24	0.01	0.01	0.01
（二）间接费用	29.54	8.01	6.21	5.94	6.07	7.05	8.56

续表

项目 \ 年份	2000	2005	2006	2007	2008	2009	2010
三、每亩人工成本（元/亩）	126.35	151.37	151.90	159.55	175.02	188.39	226.90
1. 家庭用工折价	117	140.00	140.10	145.67	158.33	171.05	206.27
家庭用工天数	11.7	9.15	8.29	7.79	7.33	6.90	6.59
劳动日工价	10	15.30	16.90	18.70	21.60	24.80	31.30
2. 雇工费用	9.35	11.37	11.80	13.88	16.69	17.34	20.63
雇工天数	0.5	0.44	0.39	0.39	0.36	0.32	0.34
雇工工价	18.7	25.84	30.26	35.59	46.36	53.69	60.67

资料来源：《全国农产品成本收益资料汇编》，2011 年。

4.3.3　我国农业生产效益分析

就单位面积产出来看，2000 年以来，我国粮食平均生产能力得到显著提高，粮食生产的收益增长显著。2000～2010 年，每亩粮食产量从 2000 年的 342.2 千克增长到 2010 年的 423.5 千克，增长了约 23.8%，年均增长率约为 2%。伴随粮食产出增长，每亩粮食生产产值增长更加显著，每亩粮食生产产值从 2000 年的 352.96 元持续增长到 2010 年的 899.84 元，增长了 1.5 倍以上，其中主产品产值从 2000 年的 331 元增长到 2010 年的 879 元，增长了约 1.65 倍。

随着产量与产值的增长，农业生产成本的增长也非常迅速。2000～2010 年粮食生产平均成本从 356 元持续增长到 672.67 元，增长了约 89%。就粮食生产成本结构来看，生产成本、人工成本、土地成本增长均比较显著，其中生产成本占总成本基本在 80% 以上，每亩生产成本从 2000 年的 309.22 元持续增长到 2010 年的 539.39 元；人工成本增长也比较显著，粮食生产每亩人工成本从 2000 年的 126.35 元增长到

2010 年的 226.9 元，其中家庭用工成本比重较高，基本维持在 90% 以上，但出现一定下降趋势；近年来，粮食生产的土地成本增长迅速，尤其是 2005 年以来，粮食生产每亩土地成本从 62.02 元持续增长到 133.28 元，增长了 1 倍以上，其中自营地折租增长迅速，这可能与土地的租价价格不断增长有紧密关系。

综合来看，伴随粮食产值的快速增长，粮食生产收益显著提高，尤其是 2004 年实施农业税减免政策以来，粮食生产收益状况有了显著改善。2004 年，受政府政策支持影响，粮食生产效益得到了根本性改变，2000～2003 年，我国粮食生产基本处于微利甚至亏损状态，2004 年以来，粮食生产净利润快速增长，每亩粮食生产净利润均在 100 元以上，其中 2010 年达到 227.17 元/亩。当然，我们也应该看到，我国粮食收益的提高在很大程度上是由农业税减免和粮食价格保护两大政策的实施引起的。若同农村劳动力外出务工收入、劳动力工资等相比，虽然粮食生产收益得到了显著提高，但与其他经营获得相比，粮食生产效益低下的状况仍非常显著。

表 4-10 粮食平均成本收益情况

年份 指标	2000	2005	2006	2007	2008	2009	2010
主产品产量（千克）	342.2	393.10	403.90	410.80	436.60	423.50	423.50
产值合计（元/亩）	352.96	547.60	599.86	666.24	748.81	792.76	899.84
主产品产值	331	529.48	581.46	647.60	729.49	773.45	879.05
副产品产值	21.96	18.12	18.40	18.64	19.32	19.31	20.79
总成本（元/亩）	356.18	425.02	444.90	481.06	562.42	600.41	672.67
生产成本	309.22	363.00	376.65	399.42	462.80	485.79	539.39
人工成本	126.35	151.37	151.90	159.55	175.02	188.39	226.90
土地成本	46.96	62.02	68.25	81.64	99.62	114.62	133.28
净利润（元/亩）	-3.22	122.58	154.96	185.18	186.39	192.35	227.17

资料来源：《全国农产品成本收益资料汇编》，2011 年。

纵观 1978 年以来我国主要农产品每亩净收益变动，大体可以分为三大阶段：1978～1995 年的波动上升阶段，1996～2003 年的持续下降阶段，2004 年至今的波动增长阶段。1978～1995 年，受到农产品价格提高与宏观经济增长的影响，主要农产品每亩净收益实现了增长，尤其是 1992～1995 年增长非常明显，这在一定程度上促成了 1996～1999 年的大丰收；1996～1999 年，我国农业实现了大丰收，但是农业生产收益却快速下降，"谷贱伤农"，即使之后连续四年减产，农业生产收益仍未有所改观，其中小麦生产"入不敷出"非常明显。直到 2004 年，政府大幅度提高农产品收购价格和取消农业税后，小麦生产才出现了净收益，稻谷、玉米、大豆、油料等作物生产的收益水平才出现较大幅度增长。

　　当然，若从同季作物收益对比变动来看，我们可以发现更多有意义的现象，这对解释我国农业生产结构变动与粮食增产具有一定作用。就不同作物每亩净收益变动来看，棉花每亩净收益最大，而且每亩投入劳动力的数量基本是其他作物的 2～3 倍，所以我国棉花生产出现了不同程度的下降现象。就油料作物与主要粮食作物生产比较来看，近年来油料作物每亩净收益出现了下降，已经低于稻谷每亩净收益，与玉米每亩净收益持平，但是其每亩用工数量高于玉米每亩用工数量，所以油料生产的"经济优势"也在逐渐丧失。再考虑大豆与稻谷、玉米生产的每亩净收益差异，由于这三种作物大致是同季节作物，具有极强的竞争关系，自 1978 年以来，大豆生产与稻谷、玉米生产相比，基本不具有"经济优势"，尤其是 2004 年以来，大豆每亩净收益水平明显低于稻谷、玉米。最符合农民利益的选择，必然是增加稻谷、玉米生产，减少大豆生产，这种现象在我国粮食主产区最为突出。当然，高产作物生产面积的增加，在某种程度上促进了粮食产量的持续增长。

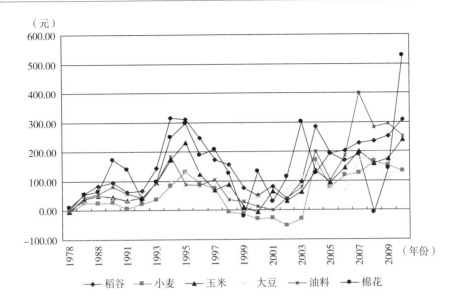

图4-5 主要农产品每亩净利润

本章小结

随着经济体制的不断改革，农村劳动力流动政策发生了重大变化，农村劳动力流动市场化倾向日益凸显。随着户籍制度改革的进程加快，农村人口迁移出现快速增长趋势，农村劳动力外出务工人数呈现波动上升现象，工资性收入逐渐成为农民重要的收入来源，农民就业行为将发生根本性改变。改革开放以来，我国农业生产条件不断改善，农业生产的规模化程度有较大幅度提高，农业生产的机械化程度得到较快提高，农产品的生产能力得到显著增强，粮食单产不断提高，粮食产量实现了历史性跨越。但是，就最近十年的情况来看，随着农村劳动力流动步伐加快，农业生产也出现了一些新的变化，农业生产机械总量的增长放缓，小型农机数量下降，但是大中型农机数量增长较快，主要农产品的每亩机械租赁费用增加较快，这说明农民对机械的使用方式发生了较大改变；主要农作物每亩化肥投入放缓，部分农产品化肥投入甚至下降；虽然近年来主要农产品每亩收益有了较大改观，但是主要农产品每亩劳动投入数量出现了快速下降现象。总体来看，伴随着城乡经济的快速发展、劳动力自由流动步伐的加快，农村劳动力流动对农业生产的影响也逐渐显现。

第5章 农村劳动力流动对农业生产供给反应的影响

伴随着我国经济的快速发展与工业化、城市化进程加快，我国农村人口转移数量持续增长，农村劳动力从业行为已经发生了显著变化。那么，农村劳动力如此大规模的流动，对农业生产产生了什么影响？农村劳动力不同的流动方式对农业生产的影响是否存在差异？考虑到我国粮食市场化体系已取得了快速发展，农民自己决定着其粮食生产、粮食销售行为，为此，本章将在农产品供给反应模型框架下研究农村劳动力流动对农业生产的影响。

5.1 研究框架

从我国经济的改革历程来看，我国粮食市场改革具有较强的市场化特征，即以劳动力自由流动的要素市场化改革和以粮食流通体系改革的产品市场化改革。伴随着粮食流通管理体制改革的逐步深入，我国农产品市场体系发生了重要变化，农产品价格的市场形成机制基本形成。1998 年，国家提出对粮食价格的调控要由直接定价转变为以间接调控为主，正常情况下粮食价格基本由市场供求决定。2001 年，国家逐步放开了粮食市场，粮食价格的市场化调节机制日益健全，市场配置资源的作用日益增强。在市场化条件下，农户生产行为更加理性，市场行情、价格预期等因素对农业生产的影响更加显著，劳动力等要素的再配置效应对农业生产的影响更加凸显。

从国内外众多研究可以得出，粮食供给调节行为具有动态性、滞后性，农村劳动力流动对农业生产具有非常重要的影响，农村劳动力对农业生产的影响受到制度环境、粮食市场机制等众多因素的影响。在市场化趋势日益显著的背景下，研究农村劳动力流动的影响应考虑到宏观经济环境的变动，在劳动力封闭和劳动力自由流动的框架下，劳动力流动对农业生产的影响程度及机制可能存在较大差异。若考虑到我国粮食流通体系改革背景，构建劳动力流动对农业生产影响的计量模型应尤为谨慎。就农村劳动力流动对农业生产影响的研究在以下两方面仍有待继续展开研究：一是农村劳动力流动与农业生产的动态调节性，虽然部分学者已注意到这两方面问题，但综合考虑二者因素的研究相对较少；二是农村劳动力流动方式对农业生产的影响，大家都注意到了这个问题，并从不同层面展开了研究，但能够将非农就业与人口迁移区分开来，并综合分析各自对农业生产影响的研究仍较少。为此，本章集中研究了我国入世以来农村劳动力流动对农业生产的影响途径与机制。

在我国农业生产极度分散的情况下，农户是农业生产最主要的决策主体，农业生产必然是农户在一定约束条件下对生产预期收益、成本的理性选择结果。尤其在我国农村劳动力流动规模快速扩大的形势下，经济环境变化也必然对农户生产行为产生重要影响。综合来看，劳动力流动对农业生产可能存在两个方面的影响。一是正面促进效应，主要表现在：改善农村人地矛盾，从农村整体来看，农村剩余劳动力转移将有助于化解人多地少的矛盾；促进土地规模化经营，提高粮食生产经济效应，当然这要受制于土地市场发展状况；加快农业新技术、新品种的采用与推广，当前农业劳动力的兼业比例仍较高，劳动力流动可提高农民对新技术的接受能力，促进新技术推广、新品种采用。二是负面效应，主要表现在：劳动力流动影响农业生产投入，这会导致与劳动呈互补关系的化肥、农药等投入都有所下降，若在土地非自由流转的情况下，也将导致农业生产耕地较少，表现为撂荒等现象；劳动力流动导致农业生产劳动力素质结构发生重大变化，从而影响农业的生产效率。

但从我国农村劳动力的流动方式来看，农村人口迁移与非农就业对农业生产的影响可能存在较大差异，在实证分析中应充分考虑到二者的区别。农村人口迁移对农业生产的影响可能比较容易显现，但是具体影响效果难以确定。首先，其可能使得农村人口下降，导致农业劳动投入下降，从而对农业生产产生不利影响；其次，农村人口迁移会导致农村人地结构方式改变，可能促进人均农业生产规模增加，这样可能会提高农业劳动从事农业生产的回报率，也可能会增加农民种植高收益作物的动力；最后，当农村人口下降规模增长到一定程度时，农村人口下降必然引起农业劳动用工价格上升、农业劳动机会成本提高，这使得农民更倾向种植劳动投入少、机械化程度高的作物，从而加快农业生产结构调整。

对于半工半农兼业型的农村劳动力流动方式来说，虽然非农就业能够提高农民综合经济能力，提高农业生产投入能力，从而提高单产水平，即通常所说的生产投资效应（Lucas，1987），但是当农业收入占农民总收入的比重下降到一定程度时，农业生产收益对农民的经济激励效应会快速下降，这样非农就业不仅使得农业劳动投入下降，也会使得其他相关要素投入动力出现一定降低，会促使农业进一步向粗放型发展。为避免兼业性农村劳动力流动对农业生产的不利影响，应促进外出务工农民土地的有效流转。但是从农本资料数据中的农业生产每亩支出数据来看，在土地成本上升的情况下，每亩土地流转费用并未增长，甚至出现一定程度的降低，这说明我国当前的土地流转程度仍非常低下。由此，我们预计兼业性农村劳动力流动对农业生产的不利影响可能更加明显。

5.2 计量模型与数据说明

随着粮食流通体系市场化改革进程加快，农业生产、农产品销售与流通等均实现了市场化，在这样的背景下，农产品市场价格将对农户的生产行为产生重要影响。从农户的生产决策来说，农户的生产行为将更加依赖于农业生产预期收益与非农就业预期收益的比较，因此，市场化改革可能提高价格调节机制对农业生产的影响程度、劳动力流动对农业生产的影响程度，也使得需要采用农户预期调整模型对农业生产行为进行研究。

众多学者研究了价格对粮食生产的影响后得出结论：价格因素对粮食生产具有重要的调节作用。首先，就价格调节机制的有效性来看，张治华（1997）通过对粮食生产和价格的周期性变化分析，认为价格因素对粮食生产起到明显的促进作用，粮食产量也引起价格的变动。冷崇总（1997）通过对我国粮食市场价格三次周期性波动的研究发现，粮食供给价格弹性比需求弹性大，粮食价格对供给的调节相对容易，对需求的调节则比较难，粮食价格对供给的调节具有滞后效应和对需求的调节具有即时效应，从而形成时滞效应，使粮食市场偏离均衡价格，容易造成粮食价格发散波动。蒋乃华（1998）利用局部调整模型研究价格因素对粮食生产的影响，研究发现粮食生产理性行为假说成立，价格杠杆对调节农户的粮食生产行为具有重要的作用。睦达明等（2004）认为价格杠杆有利于优化种植结构和品种结构，价格高低是市场供求关系的直接体现，价格具有重要的信息传递效应。张治华、袁荣（2007）研究了粮食生产对价格和非价格因素的反应，研究表明我国粮食供给价格弹性系数为 0.73，粮食生产对价格反应敏感，对非价格因素反应不敏感。罗锋（2009）运用 Nerlove 模型研究我国粮食供给反应，研究表明我国粮食供给长短期价格弹性较低，粮食播种面积不能根据价格变动作出迅速调整，对买粮难和卖粮难容易形成放大的效应。王秀清和程厚思（1998）、王德文和黄季焜（2001）、司伟（2006）等分别运用 Nerlove 及其扩展模型研究了蔬菜、粮食、糖料作物等农产品的供给反应。其次，关于价格与粮食的生产关系来看，众多研究的结论支持蛛网模型的结论，但不同粮食品种的作用程度存在较显著的差别。孙娅范等（1999）应用 Grnager 检验法和时间序列分析方法，研究得出粮食价格与产量存在因果关系，粮食收购价格对粮食产量的影响大于对粮食市场零售价格的影响。王铮等（1999）分析价格因素对粮食生产的影响，研究发现粮食价格上调能使粮食产量呈增长趋势，但不同品种的反应程度差异较大。鲁成军（2008）指出总需求波动主要是由于非粮食商品需求波动引起的，非粮食商品的价格变化造成生产要素价格变动，进而造成粮食生产波动及价格变化。何蒲明、黎东升（2009）研究认为，中国粮食价格波动比产量波动大，粮食产量与粮食价格有密切关系。罗万纯、刘锐（2010）利用 ARCH 类模型对粮食价格的波动进行了分析，研究发现籼稻、粳稻、大豆的价格没有显著的异方差，小麦和玉米的价格波动有显著的集簇性，即价格上涨信息引发的波动比价格下跌信息引发的波动大。

随着粮食流通体系市场化进程加快，农产品市场价格波动对农户生产决策的作用日益凸显。本书采用那拉维模型展开研究。那拉维模型是动态自回归模型，主要由下述三个方程组成（Askari and Cummings，1977）：

$$Y_t^D = a_0 + a_1 P_t^e + a_2 LT_t + a_3 Z_t + u_t \qquad (5-1)$$

$$Y_t - Y_{t-1} = \lambda (Y_t^D - Y_{t-1}) \qquad (5-2)$$

$$P_t^e - P_{t-1}^e = \beta (P_{t-1} - P_{t-1}^e) \qquad (5-3)$$

这里，$0 < \lambda \leqslant 1$，$0 < \beta \leqslant 1$，Y_t 表示第 t 年的实际种植面积或产量，Y_t^D 表示长期均衡（或合意）的种植面积或产量，P_t 表示第 t 年的实际价格，P_t^e 表示第 t 年的期望价格，LT_t 表示第 t 年的农村劳动力流动性变量，Z_t 表示第 t 年影响种植面积或产量的其他外生变量，u_t 是随机误差项。参数 λ 和 β 分别表示期望供给调整系数与预期价格调整系数。

将上述方程消除不可观测变量后，那拉维模型表示为：

$$Y_t = b_0 + b_1 P_{t-1} + b_2 Y_{t-1} + b_3 Y_{t-2} + b_4 LT_t + b_5 LT_{t-1} + b_6 Z_t + b_7 Z_{t-1} + v_t$$
$$(5-4)$$

由此，模型可以表示为：

$$Y_t = b_0 + b_1 P_{t-1} + \sum_{i=1}^{2} b_{1+i} Y_{t-i} + \sum_{i=1}^{2} b_{2+i} LT_{t+1-i} + \sum_{i=1}^{2} b_{4+i} Z_{t+1-i} + v_t$$
$$(5-5)$$

采用对数的形式，模型可以表示为：

$$\ln Y_t = b_0 + b_1 P_{t-1} + \sum_{i=1}^{2} b_{1+i} \ln Y_{t-i} + \sum_{i=1}^{2} b_{2+i} LT_{t+1-i} + \sum_{i=1}^{2} b_{4+i} Z_{t+1-i} + v_t$$
$$(5-6)$$

该模型属于动态面板模型（Dynamic Panel Model），本书采用 Arellano 和 Bond （1991） 提出动态面板模型的差分广义矩估计方法 （GMM） 可以有效地解决这一问题。把模型变换成一阶差分形式，由此得到如下方程：

$$\Delta \ln Y_t = b_0 + b_1 \Delta P_{t-1} + \sum_{i=1}^{2} b_{1+i} \Delta \ln Y_{t-i} + \sum_{i=1}^{2} b_{2+i} \Delta LT_{t+1-i} + \sum_{i=1}^{2} b_{4+i} \Delta Z_{t+1-i} + v_t$$
$$(5-7)$$

对该模型的估计，可采用 GMM 方法进行估计。考虑到被解释变量差分的滞后项与参差的差分不相关，而且不同滞后期的差分值也不相关，因此，可采用被解释变量差分的滞后项、外生解释变量作为工具变量进行估计，具体步骤参见 Arellano 和 Bond（1991）给出的估计方法。

由于农产品种类繁多，我国没有农产品总量统计数据，故本书采用粮食产量数据加以分析。关于粮食范畴的界定国内外存在较大差异，国际通常界定的粮食是我国的谷物概念，包括稻谷、小麦和玉米，由于价格数据只能获得谷物生产价格指数，所以，本书所涉及的粮食主要指谷物概念所包括的相关作物。粮食总产量（GTP），采用各省市的谷物生产总量表示，并进行对数化处理。粮食平均产量（GAP），采用各省市的谷物平均产量表示，并进行对数化处理。

解释变量：

（1）劳动力流动性变量，具体包括人口迁移、非农就业两个变量。为较好地反映劳动力流动的影响，分别采用各地区城镇人口比例（NAR）（由于无法获取 2006 年以前的城镇人口数据，故本书采用城镇就业人口比重表示）、农村居民家庭纯收入中工资性收入比例（WR）表示。通常来说，农村劳动力的流动性增强，将凸显粮食生产要素的机会成本，使得粮食要素投入配置得以优化，从而导致粮食生产技术需求、技术结构、产出贡献发生变动。

（2）价格变量，主要是粮食价格（GP）。粮食价格种类繁多，对农民来说，粮食销售价格对其生产收益具有最直接的影响。2003 年，我国首次发布全国农产品生产价格指数，即农民销售农产品的价格指数，较好地反映了农产品生产者出售农产品的价格水平变动趋势及幅度。为此，本书采用粮食生产价格指数进行分析，并对其进行定基化与对数化处理。

（3）农业生产资料价格（MP）。从农户生产决策的角度来说，粮食生产预期收益对其生产决策具有最重要的影响，因此，农业生产资料价格变动必将对粮食生产的收益产生直接影响。本书加入农业生产资料价格指数，以反映农业生产成本变动对粮食生产的影响，并进行对数化处理。

（4）自然灾害及抗风险能力。①受灾率（NR）。粮食生产具有极强的自然属性，受到自然灾害的影响极大。我国向来是自然灾害频发的国家，几乎每年都会发生较大规模的洪涝、干旱等自然灾害。本书采用受灾面积与粮食播种面积的比值表示受灾率，以反映自然灾害的影响。②排灌机械数量（MM）。我国自然灾害具有典型的"北旱南涝"特征，为降低自然灾害的影响，需要建设基础水利等设施，提高灌溉与排涝能力，因此，本书所记录的各地区排灌机械数量表示自然灾害的抗风险能力，并进行对数化处理。

（5）农业政策变量。农业政策向来是我国农业生产最重要的影响因素，正如陈飞等（2010）所得出的农业政策影响的结论。农业政策对粮食生产的影响表现在两方面：一是政府的农业投入直接影响着粮食生产技术进步的水平，如新品种与新技术推广投入等；二是农业政策会影响到粮食生产收益的变动，如税收减免等。为此，本书采用政府农业支出变量与农业税收变量反映农业政策的影响。①农业支出（EP），采用各省市农业财政支出占总财政支出的比率表示。②农业税收（TP），对于动态面板数据模型来说，差分过程可以消除个体效应的影响，因此，本书以全国全面取消农业税的 2006 年为界设置农业税收虚拟变量，以反映农业税收支持政策对粮食生产的影响。

本书所采用的数据来自《中国农村统计年鉴》《中国统计年鉴》。本书将利用中国除西藏和港澳台地区以外的其他省份的数据进行分析。2003 年我国首次发布 2002 年农产品生产价格指数，因此本书将研究的时间范围确定为 2002 ~ 2009 年。

5.3　计量检验及结果分析

本书从以下两方面展开：①分析农村劳动力流动对粮食生产总量的影响；②研究农村劳动力流动对粮食生产的影响机制，从粮食单产与生产面积两方面展开分析。所以，被解释变量包括粮食总产量、粮食平均产量与粮食播种面积。将粮食生产总量、粮食平均产量、粮食播种面积及劳动力流动等相关变量分别代入式（5－6）、式（5－7），并采用 Arellano 和 Bond（1991）提出动态面板模型的 GMM 方法进行估计（估计结果见表 5－1、表 5－2、表 5－3）。从模型整体检验来看，模型的 Wald 检验均在 1% 水平显著，模型过度识别的 Sargan 检验均不显著，说明模型设置均比较合理，计量检验结果具有较强的可信度。从模型动态机制来看，计量检验结果显示，被解释变量的滞后项均在 1% 水平显著，这说明粮食生产具有较强的路径依赖性，采用动态面板数据模型的可信度较高。此外，计量结果显示价格变量产生了显著正向影响，这说明价格机制对粮食生产波动也产生了一定的调节作用，也反映了采用拉维适应性调整模型研究粮食生产比较合适。根据动态面板数据估计方法以及公式（5－7）可知，各解释变量对粮食生产的影响即反映了对粮食生产波动的影响程度，由此可依据计量结果分析农村劳动力流动对粮食生产波动的影响。由于模型的解释变量涉及当期变量与滞后变量，因此，当期变量与滞后变量系数的对比可以反映各变量对粮食生产波动的综合影响。

5.3.1 计量检验

1. 农村劳动力流动对粮食总产量影响的计量检验

粮食总产量作为反映农业生产活动结果性质的指标，受到自然因素、经济因素与社会因素等的综合影响，具有较大的不确定性。农村劳动力流动可能通过多种途径影响粮食生产，结果显示，农村劳动力流动变量对粮食总产量产生了重要影响，但农村劳动力流动不同方式的变量对粮食总产量的影响差异较大。

就劳动力不同流动方式来看，其中非农就业对粮食生产产生负向影响，而人口迁移对粮食生产产生了正向影响。如表 5 - 1 结果显示：当期工资性收入比例变量对粮食总产量产生负向影响，在 1% 水平显著，滞后工资性收入比例变量对粮食总产量产生正向影响，但不显著。当期地区城镇人口比例变量对粮食总产量产生正向影响，在 10% 水平显著，滞后地区城镇人口比例变量对粮食总产量产生负向影响，但不显著。

表 5 - 1　农村劳动力流动对总产量影响的计量检验

指标	M_1		M_2	
	系数	Z 值	系数	Z 值
$\ln GTP_{t-1}$	0.5950 ***	6.94	0.5503 ***	9.38
$\ln GTP_{t-2}$	0.1065 ***	3.41	0.0799 ***	2.78
$\ln GP_{t-1}$	0.1214 *	1.67	0.0920 *	1.86
$\ln MP_{t-1}$	- 0.0741	- 1.08	- 0.0208	- 0.28
WR_t	- 0.6345 ***	- 2.76	—	—
WR_{t-1}	0.2641	0.46	—	—
NAR_t	—	—	0.1725 *	1.67

续表

指标	M₁		M₂	
	系数	Z 值	系数	Z 值
NAR_{t-1}	—	—	− 0. 0209	− 0. 22
NR_t	− 0. 2027 ***	− 7. 01	− 0. 1464 ***	− 5. 05
NR_{t-1}	0. 1445 ***	5. 16	0. 1903 ***	6. 88
$lnMM_t$	− 0. 2223 ***	− 6. 05	− 0. 2481 ***	− 6. 09
$lnMM_{t-1}$	0. 1976 ***	3. 95	0. 1937 ***	3. 59
EP_t	0. 1162	0. 65	0. 2382	1. 14
EP_{t-1}	− 0. 3699	− 1. 26	− 0. 1210	− 0. 43
TP_t	0. 0188 **	1. 98	0. 0339 *	1. 82
TP_{t-1}	0. 0070	0. 4	0. 0012	0. 12
C	5. 0643 ***	2. 71	6. 0477 ***	4. 61
Wald 统计值	1584. 79 ***		3719. 01 ***	
Sargan	19. 09		11. 81	
P	0. 39		0. 86	

注：*** 表示 1% 水平显著，** 表示 5% 水平显著，* 表示 10% 水平显著。

劳动力流动对粮食生产的影响存在着替代效应与互补效应，从粮食生产与劳动力利用来看，劳动力最重要的互补要素是土地，互补效应是指劳动力流动导致土地投入下降，在土地流转受到约束的条件下，替代效应可能较强；劳动力最重要的替代性要素是资本、技术等的投入，劳动力流动的替代效应是指劳动力流动导致资本、技术等投入增加。劳动力流动方式对粮食生产影响的差异，非农就业导致劳动力流动的替代效应较强，从而导致农民工资性收入的比例越高，粮食生产波动越大。农民市民化对粮食生产产生了促进作用，说明劳动力流动互补效应较弱，从农村、农业整体来看，农业从业人员减少反过来增进了粮食生产规模效应的发挥，促进了粮食生产。

人口迁移缓解了农村的人地矛盾，为农业生产方式的改革和农业技术的使用提供了契机，对农业生产的增长产生了正面效应。而非农就业虽然可以增加物化资本投资，弥补劳动力流出的损失，但是农业生产者呈现老龄化、妇女化，他们对农业生产缺乏专业知识，较少采用新技术、新品种，这给农业发展带来了一定的不利影响。

总而言之，劳动力的不同流动方式对农业生产的影响差异较大。由于农村存在剩余劳动力，所以政府应促进劳动力人口迁移，提高土地的规模化，促进农业发展；但在农民的非农就业过程中，出现高素质人才流向非农产业的现象，导致农业生产效率下降。促进人口迁移，应该着重吸引高素质人才回流，让其从事农业专业化生产。

就市场机制与粮食生产调节动态机制来看，粮食生产具有显著的动态调节性、路径依赖性，市场机制也对粮食生产具有重要影响。粮食价格变量对粮食总产量产生了显著的正向影响，价格机制对粮食生产波动也产生了较强的调节作用，而生产资料价格对粮食总产量产生了负向影响，但不显著。粮食生产总量变量的滞后项均在1%水平显著，且从影响系数来看，滞后一期与滞后二期变量系数之和界于0.6~0.7，因此，可推知粮食总产量的长期价格弹性大概是短期弹性的3倍。

自然灾害及抗风险能力对粮食生产的影响与预期一致。当期受灾率变量对粮食总产量产生了负向影响，且在1%水平显著，但滞后的受灾率变量对粮食总产量产生了正向影响，也在1%水平显著。当期抗灾能力变量对粮食总产量产生了负向影响，且在1%水平显著，但滞后的抗灾能力变量对粮食总产量产生了正向影响，在1%水平显著。

农业政策是粮食生产的重要影响因素，虽然农业政策对粮食总产量的综合影响为正，但显著度较低。从农业政策影响来看，当期农业支出变量对粮食总产量产生了正向影响，而滞后的农业支出变量对粮食总产量产生了负向影响，但影响程度较低，且均不显著。当期农业税收变量对粮食总产量产生了正向影响，且在5%水平显著，而滞后的农业税收变量对粮食总产量产生了负向影响，影响程度较低且不显著。

2. 农村劳动力流动对粮食播种面积影响的计量检验

对于粮食播种面积影响因素的计量模型，主要考虑的因素包括农村劳动力流动、价格因素、农业政策、粮食播种面积滞后变量。将变量代入模型（5－6）、模型（5－7）进行估计，计量结果显示，劳动力流动对粮食播种面积产生了重要影响，不同变量对粮食播种面积的影响差异较大。

结果显示，虽然非农就业对粮食的平均生产能力具有间接的促进作用，但对粮食的播种面积具有显著的负向影响。如表5－2结果显示：当期工资性收入比例变量对粮食的播种面积产生了正向影响，但不显著，滞后工资性收入比例变量对粮食的播种面积产生了正向影响，且在1%水平显著。综合来看，农民工资性收入比例对粮食的播种面积产生了负向影响，这说明长期来看农民非农就业将对粮食生产产生显著的替代效应。人口迁移对粮食的播种面积产生了显著的正向影响，当期城镇人口比例变量对粮食的播种面积产生了正向影响，且在1%水平显著，滞后城镇人口比例变量对粮食的播种面积也产生了正向影响，且在1%水平显著。这说明人口迁移能够改善农村人地矛盾，而且能够促进土地规模化经营，提高粮食生产的规模效益，从而导致粮食的播种面积有显著增长。

表5－2　农村劳动力流动对生产面积影响的计量检验

指标	M_5		M_6	
	系数	Z 值	系数	Z 值
$\ln GTA_{t-1}$	0.3082 ***	14.34	0.2693 ***	9.51
$\ln GTA_{t-2}$	0.0478 ***	4.29	0.0301 ***	2.55
$\ln GP_{t-1}$	0.1499 ***	7.13	0.1303 ***	4.37
$\ln MP_{t-1}$	0.0243	0.79	0.0608	1.45
WR_t	0.0755	0.65	—	—

续表

指标	M₅		M₆	
	系数	Z 值	系数	Z 值
WR_{t-1}	− 0.6221 ***	− 4.3	—	—
NAR_t	—	—	0.1943 ***	5.22
NAR_{t-1}	—	—	0.3995 ***	7.04
EP_t	− 0.0886	− 0.61	− 0.0712	− 0.4
EP_{t-1}	− 0.5094 ***	− 4.98	− 0.4368 ***	− 4.37
TP_t	− 0.0021	− 0.47	− 0.0198 ***	3.85
TP_{t-1}	0.0191 **	2.21	0.0651 ***	4.57
C	5.1141 ***	27.2	4.8932 ***	17.93
Wald 统计值	7418.61 ***		6849.70 ***	
Sargan	24.99		22.54	
P	0.13		0.21	

注：***表示1%水平显著，**表示5%水平显著，*表示10%水平显著。

　　粮食播种面积调节也具有较强的动态调节性。粮食播种面积变量的滞后项均在1%水平显著，且从影响系数来看，滞后一期与滞后二期变量系数之和界于0.3~0.4，因此，可推知粮食播种面积的长期价格弹性大概是短期弹性的2.5~3.5倍。市场机制对粮食播种面积具有显著影响。粮食价格变量对粮食播种面积产生了显著的正向影响，在1%水平显著，生产资料价格对粮食播种面积影响不显著，这说明粮食价格机制对粮食生产决策行为具有一定的调节作用。虽然农业政策对粮食平均产量产生了显著的正向影响，但农业政策对粮食播种面积的作用有限，甚至产生负向影响。当期农业支出变量均对粮食播种面积产生了负向影响，但不显著，而滞后农业支出变量对粮食播种面积产生了负向影响，且均在1%水平显著。当期农业税收变量对粮食播种面积产生了负向影响，但不显著，滞后的农业税收变量对粮食播种面积产生了正向影响，其中在控制工资收入比例、城镇人口比例的情况下，滞后的农业税收变量的影响分别在 5%、1% 水平显著。

3. 农村劳动力流动对粮食平均产量影响的计量检验

粮食平均产量变量综合反映了粮食生产投入、要素结构变动、自然灾害、农业政策等综合影响，也反映了劳动力流动对粮食生产影响的具体机制。结果显示，农村劳动力流动对粮食平均产量产生了重要影响，不同变量对粮食平均产量影响差异较大。

非农就业对粮食平均产量影响变动较大且显著性较强，而人口迁移对粮食平均产量影响有限。如表 5-3 结果显示：当期工资性收入比例变量对粮食平均产量产生负向影响，在 1% 水平显著，滞后工资性收入比例变量对粮食平均产量产生正向影响，在 1% 水平显著，且影响程度较大。综合来看，农民工资性收入比例对粮食平均产量产生了正向影响，这可能是由于农民收入水平提高促进了新技术、新品种的采用或促进了机械化等替代要素的使用，从而提高了粮食平均产量。这反映了农民兼业的替代效应较强，农民外出务工对粮食生产的人力投入产生了负向影响，但农民收入的提高增加了粮食生产的化肥、机械等资本投入和新品种及新技术的采用，从而导致粮食平均产量的提高。人口转移变量对粮食平均产量产生负向影响，虽然当期变量不显著，但是人口转移滞后一期变量对粮食单产影响的 t 检验值为 -1.16，接近 10% 水平显著，这说明人口转移已经对粮食的平均生产能力产生了负向影响。综合农村劳动力两种流动方式对粮食单产的影响来看，基本可以得出，农村人口转移对粮食生产的影响已经超越了刘易斯的劳动力无限供给阶段，农村劳动力流动对粮食平均生产能力的不利影响可能会逐渐显现。

粮食平均产量也具有显著的动态调节性。粮食平均产量变量的滞后项均在 1% 水平显著，且从影响系数来看，滞后一期与滞后二期变量系数之和界于 0.3~0.5，因此，可推知粮食平均产量的长期价格弹性大概是短期弹性的 2 ~ 3.5 倍。市场机制对粮食平均产量的影响更加显著，粮食价格、生产资料价格均对粮食平均产量产生了显著影响。粮食价格变量对粮食平均产量产生了显著的正向影响，在 1% 水平显著，生产资料价格对粮食平均产量产生了负向影响，且在 1% 水平显著，这说明价格机制对粮食生产的投入行为具有显著的调节作用。

表 5 - 3　农村劳动力流动对单产影响的计量检验

指标	M₃		M₄	
	系数	Z 值	系数	Z 值
$\ln GAP_{t-1}$	0. 3412 ***	5. 4	0. 3838 ***	5. 47
$\ln GAP_{t-2}$	0. 1400 ***	4. 53	0. 0891 ***	2. 81
$\ln GP_{t-1}$	0. 0874 ***	3. 98 *	0. 0238	1. 82
$\ln MP_{t-1}$	− 0. 1530 ***	− 3. 96	− 0. 1426 **	− 2. 42
WR_t	− 1. 0043 ***	− 7. 55	—	—
WR_{t-1}	1. 272 ***	5. 96	—	—
NAR_t	—	—	− 0. 0021	− 0. 04
NAR_{t-1}	—	—	− 0. 1293	− 1. 16
NR_t	− 0. 2418 ***	− 12. 22	− 0. 2135 ***	− 11. 08
NR_{t-1}	− 0. 0191	− 1. 1	− 0. 0033	− 0. 22
$\ln MM_t$	0. 0428 **	2. 48	0. 0318 *	1. 92
$\ln MM_{t-1}$	0. 0003	0. 02	− 0. 0092	− 0. 96
EP_t	0. 1307 *	1. 78	0. 4131 *	1. 89
EP_{t-1}	0. 0921	0. 5	0. 2424	1. 22
TP_t	0. 0154 **	2. 37	0. 0166 *	1. 79
TP_{t-1}	0. 0076 *	1. 71	0. 0042 *	1. 62
C	2. 2658 **	2. 25	4. 5182 ***	5. 57
Wald 统计值	1979. 03 ***		9452. 87 ***	
Sargan	16. 81		14. 08	
P	0. 54		0. 72	

注：*** 表示 1% 水平显著，** 表示 5% 水平显著，* 表示 10% 水平显著。

自然灾害及抗风险能力对粮食平均产量的影响程度更大，与预期基本一致。当期受灾率变量对粮食平均产量产生了负向影响，且在1%水平显著，滞后的受灾率变量对粮食平均产量产生了负向影响，但不显著。当期抗灾能力变量对粮食平均产量产生了正向影响，分别在5%、10%水平显著，滞后的抗灾能力变量对粮食平均产量影响不显著。

虽然农业政策对粮食总产量影响的显著性不高，但农业政策对粮食平均产量产生了显著的正向影响。当期农业支出变量均对粮食平均产量产生了显著的正向影响，滞后的农业支出变量对粮食平均产量产生了正向影响，但不显著。当期农业税收变量对粮食平均产量产生了显著的正向影响，滞后的农业税收变量对粮食平均产量也产生了显著的正向影响。

5.3.2　结果分析

考察农村劳动力流动方式对粮食生产影响的差异，结果显示非农就业对粮食单产有正向影响，但对粮食生产面积产生负向影响，从而对粮食产量产生了负向影响；而人口迁移对粮食单产产生了负向影响，却对粮食生产面积具有正向影响，从而对粮食产量产生了正向影响。

考察我国粮食生产结构变动，可以发现不同农村劳动力流动对粮食生产影响差异的原因。非农就业对粮食单产的正向作用，可能有两方面原因：一是农民非农就业比例的提高，促进了粮食生产结构的转变，更加注重高产、高收益、低劳动力投入作物的生产，尤其是玉米作物的生产，玉米生产面积的增加，提高了粮食平均单产水平的提高，这可以从前面关于农业生产结构变动中发现该特征；二是非农就业比例的提高在一定程度上，也提高了农民对高产新品种作物选择的意愿，促进了粮食生产技术进步的速度，这可以从其他的研究中得出。非农就业对粮食生产面积的负向影响，在某种程度上反映了农民非农就业比例的提高，农民对粮食生产的意愿可能下降，从而使得非农就业对粮食生产产生不利影响。

就农村人口转移对粮食生产的影响来看，人口转移变量对粮食生产面积产生正向影响，这可能反映了人口转移导致农业生产结构的变动，尤其是粮食生产面积的增长，说明人口转移后的农业生产结构仍向粮食生产倾斜，这可能要归因于近年来政府对粮食生产给予的政策补贴，使得粮食生产的相对收益出现了较大幅度的提高。人口转移对粮食单产的负向影响也应得到一定关注，可能原因很多，但是也可能正好反映了人口迁移对粮食生产劳动投入已经产生的影响，显然当劳动投入边际产出已经显著增长且非负的情况下，农业人口的下降必将对粮食单产具有较大影响，这可以从后面的结论加以印证。

综合农村劳动力两种流动方式对粮食生产的影响来看，基本可以得出，农村劳动力流动对粮食生产具有正反两方面影响，非农就业对粮食单产的提高具有促进作用，农村人口转移对粮食生产面积的增长具有显著的正向作用；非农就业对粮食总产量已经产生了一定的负向影响，农村人口转移对粮食单产已经产生了负向影响。总体来看，农村劳动力流动对农业生产的影响日益显著，农村劳动力的不同流动对农业生产的影响程度与方式存在较大差异。

本章小结

随着工业化、城市化进程加快，农村劳动力流动规模快速扩大，非农就业与人口迁移出现同比加快趋势，农村劳动力流动对农户农业生产决策环境产生了重要影响，对农产品产量的影响日益凸显。本章主要从农产品供给反应模型入手，利用我国粮食生产数据，构建了劳动力流动对农产品产量影响的供给反应模型，并利用省域动态面板数据实证分析了劳动力流动对农产品产量的影响途径与程度。研究得出：劳动力流动对农产品产量具有重要影响，但不同变量影响差异较大，非农就业均对农业生产具有显著负向影响，而人口迁移对农业生产反而产生了一定促进作用。就具体影响机制来看，非农就业提高了农民的生产投入能力，对农产品平均产量具有一定正向作用，但对农产品播种面积产生了负向影响，从而对农产品的总产量产生影响；人口转移在一定程度上改善了农村的人地关系，增进农业生产的规模效应，对农产品播种面积产生了显著正向影响，从而促进了农产品总产量的增长。总体来看，农村劳动力流动对农业生产的影响日益显著，农村劳动力的不同流动对农业生产的影响程度与方式存在较大差异。

当然，从农业生产本身来说，农产品产量与单产水平的变动是一系列农业生产要素与自然条件等因素共同作用的结果，农村劳动力流动对农业生产的影响也必将通过"生产的黑匣子"发挥作用，尤其是对农业生产要素投入的水平、农业结构、农业技术进步等产生影响。为此，本书将分别从农业生产要素投入变动、农业技术进步的角度，进一步分析农村劳动力流动对农业生产作用的内在机制及产生的原因。

第6章 农村劳动力流动对农业生产要素结构的影响分析

从第四部分研究结果可以得出：随着农村劳动力流动步伐加快，农村劳动力流动对农业生产的影响日益显著，农村劳动力的不同流动方式对农业生产的影响存在较大差异。从农业生产主体来说，农民是理性的经济主体，在市场化条件下农民的理性决策特性将日益显现，农村劳动力的流动性必将对农民的生产决策产生影响。首先，农村劳动力的流动性增强，劳动力机会成本可能会显著提高，这样会出现农业生产经营的经济效益低下的问题，可能导致农业生产投入不足；其次，农村劳动力的流动性增强通常会伴随着农民收入的快速增长，这样，当经济条件明显改善后，农民对闲暇的偏好会增强，从而使得农业生产投入数量及结构方式改变；最后，农村劳动力流动也将改变农业生产的资源禀赋结构，对农业生产的投入约束条件产生影响。因此，随着农村劳动力的流动性增强，农民进行农业生产的目标与约束条件都将发生较大变动，农民的理性决策行为选择必将对农业生产要素的投入数量与投入结构、农业生产结构与农业技术进步产生影响。显然，只有我们明确了农村劳动力流动对农业生产要素投入结构变动的影响，才能把握农村劳动力流动对农业生产影响的具体机制，才可以进一步分析其产生的原因。为此，本章利用超越对数函数分析农业要素投入结构变动（劳动、机械、化肥和耕地）对农业生产的影响程度，计算出农业要素投入产出弹性与要素之间替代关系的变动，并实证分析了劳动流动对农业要素投入之间替代关系的影响。

6.1 研究框架

对我国农业生产来说，农户是农业生产最主要的决策主体，农业生产必然是农户在一定约束条件下对生产预期收益、成本的理性选择结果。尤其在我国农产品的商品率已经达到一半的形势下，外界经济环境变化也必然对农户生产要素投入结构产生重要影响。由此可以得出，劳动力流动也可能对农业生产要素投入结构产生影响，生产要素关系、投入组合结构与产出关系变动在一定程度上反映了农业要素结构变动。

从微观经济学基本原理可知，生产要素投入组合是在要素价格不变时且存在两种以上可变生产要素的生产中，生产者在成本既定时使产量最大化或者产量既定时使成本最小化所需要使用的各种生产要素最优数量的组合。要素的最优组合又具体表现为这样两种情况：一是在成本既定条件下，产量最大的要素组合，表现为生产的技术效率；二是在产量既定条件下，成本最低的要素组合，表现为生产的经济效率。由于边际产量递减规律作用，生产要素间的边际技术替代率会出现递减趋势。

当然，以上经济理论角度分析的重要前提是农业生产要素相对价格保持不变。从我国农业生产要素价格变动情况来看，突出的特征是农业劳动用工工价出现了快速增长，近十年来，农业劳动用工工价（包括家庭自用工的折价和雇佣劳动工价）增长了2倍以上，当然若考虑农业劳动机会成本，其增长幅度更大，而机械、化肥等要素价格增长相对稳定、幅度也较小。虽然耕地折价增长幅度也较大，但是由于我国农业用地并不能自由转换为非农用地，而且当前土地流转程度仍较低（可以从每亩流转费用增长缓慢甚至下降中看出来），所以耕地使用的实际价格并未表现出快速增长。由此可见，随着农村劳动力的流动性增强，农业劳动用工价格水平出现了快速增长，在一定程度上改变了农业生产要素相对价格，从而可能使农业生产要素配置结构发生变动。因此，我们可以得出初步的判断，农村劳动力流动背景下，农业生产要素的相对价格与比较收益将发生较大变动，从而使得农村劳动力流动对农业生产要素配置结构和要素关系产生重要影响。

那么，农村劳动力流动对农业生产要素配置结构会产生何种影响呢？根据农业生产要素相对价格变动来看，农业生产的用工价格水平快速增长，而耕地、机械和化肥的相对价格水平增长比较缓慢，也就是说劳动的相对价格水平出现了比较大幅度的增长，由此可以得出一个基本的可能结果：劳动投入应该出现较大幅度下降（这可以从每亩劳动用工数量下降中得以体现），而且会促进耕地、机械与化肥对劳动的替代。从农户生产投入决策角度来说，农业生产要素投入数量的变动还受到农业生产边际收益的影响，当农业边际收益下降时，农业生产要素投入绝对数量也可能出现下降。此外，从农户家庭模型角度来说，家庭的生产与消费决策实现均衡的条件是农业生产的边际收益与工资水平相等。如果当工资水平大幅度增长时，均衡将被打破，那么，农民进行农业生产的动力势必下降，农业要素配置结构将向节约劳动型方向发展，农业生产结构也可能向劳动密集度较低的作物生产倾斜。由于农村劳动力不同流动方式的影响程度与机理存在一定差异，农村人口迁移与非农就业这两种流动方式对农业生产要素结构的影响也可能不同。这就是本章进行实证分析的基本理论思路或假说。

6.2　农村劳动力流动背景下的农业生产要素结构演变

6.2.1　农业生产要素投入状况

从农业生产要素投入变动来看，20 世纪 90 年代以来，我国农业生产要素投入结构发生了重大变化，农业从业人员不断下降，农业机械数量、化肥使用量均保持稳定增长。尤其是 2004 年以来，我国农业生产要素投入结构发生了比较大的变动，突出表现在农业从业人员数量快速下降，大中型农业机械快速增长。1992～2011 年，农业从业人员数量基本处于波动下降状态，虽然 2004 年以来我国粮食连续增产，但是农业从业人数从 2003 年的 36204 万人持续下降到 2011 年的 26594 万人，2004～2011 年，平均下降幅度在 3% 以上；农业机械数量增长趋势明显，其中 2003 年以前，农用小型机械数量增长较快，但是 2003 年以来农用大中型机械数量增长较快，尤其是 2006 年实行农业机械补贴政策以来，农用大中型机械数量出现了持续快速增长；农作物播种面积、化肥施用量基本处于相对稳定略有增长状态，这对粮食持续增产具有较大贡献。

表 6－1　我国农业生产要素投入总体变动状况

项目 年份	第一产业年末 从业人员数 （万人）	农作物总 播种面积 （千公顷）	农用大中型 拖拉机数 （台）	农用小型 拖拉机数 （万台）	农用排灌 柴油机数 （万台）	化肥施 用量 （万吨）
1992	38699	149007	758904	751	438	2930

续表

年份\项目	第一产业年末从业人员数（万人）	农作物总播种面积（千公顷）	农用大中型拖拉机数（台）	农用小型拖拉机数（万台）	农用排灌柴油机数（万台）	化肥施用量（万吨）
1993	37680	147741	721216	788	455	3152
1994	36628	148241	693154	824	471	3318
1995	35530	149879	671846	865	491	3594
1996	34820	152381	670848	919	509	3828
1997	34840	153969	689051	1048	546	3981
1998	35177	155706	725215	1122	582	4084
1999	35768	156373	784216	1200	645	4124
2000	36043	156300	974547	1264	688	4146
2001	36399	155708	829900	1305	729	4254
2002	36640	154636	911670	1339	751	4339
2003	36204	152415	980560	1378	750	4412
2004	34830	153553	1118636	1455	778	4637
2005	33442	155488	1395981	1527	810	4766
2006	31941	152149	1718247	1568	836	4928
2007	30731	153464	2062731	1619	861	5108
2008	29923	156266	2995214	1722	898	5239
2009	28890	158614	3515757	1751	925	5404
2010	27931	160675	3921723	1786	946	5562
2011	26594	162283	4406471	1811	968	5704

资料来源：《中国农村统计年鉴》《中国统计年鉴》。

从各要素增长速度来看，我国农业生产要素投入结构变动的特征更加明显。1992~2003 年，农业从业人员数、农作物播种面积、农用小型机械数量、化肥施用量基本保持相对稳定的变动趋势，波动幅度也相对较小，其中农用大中型机械数波动幅度较大。2004 年以来，农业生产要素投入或使用结构发生了较大变动，突出表现在农业从业人员数快速下降，年均下降幅度在 3% 以上，而农用大中型机械数出现了持续快速增长，年均增长幅度均在 10% 以上，最高达到 45% 以上，而农作物播种面积、农用小型机械数量、化肥施用量基本保持相对稳定的变动趋势。这可能反映了农业生产变动的两个特征：一是农业从业人员锐减与农业生产快速机械化现象，二是农业机械使用出现了快速专业化、大型化变动趋势。

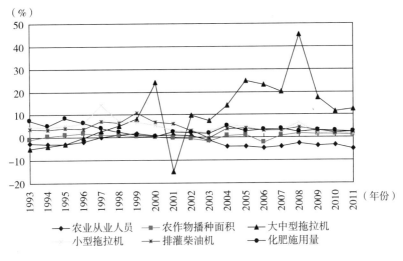

图 6-1　我国农业生产要素的增长率

6.2.2　农业生产要素投入结构变动

1. 农业生产结构变动

改革开放以来，我国农业生产结构发生了显著变化，尤其是 2000 年以来，这种变化特征更加明显。从各种类型作物生产面积占农作物生产面积的比重来看，1978 年以来，粮食作物生产基本处于下降态势，粮食作物生产面积与农作物总生产面积的比例从 1978 年的 80.34% 持续下降到 2011 年的 68.14%；谷物作物生产面积与农作物生产总面积的比例波动较大，但总体处于相对稳定的状态，基本处于 50%～60%，总体围绕 55% 的规模发生波动，这说明粮食作物面积比例的下降主要是由豆类、薯类生产面积下降引起的；油料作物与棉花生产面积占比总体比较稳定，油料生产面积占比出现过明显的增长阶段，目前基本处于 8% 左右，棉花播种面积占比基本处于 3% 左右。就 2000 年以来的谷物生产情况来看，玉米的种植面积出现明显的增长趋势，目前玉米的生产面积已经超过了稻谷、小麦，成为我国生产面积最大的农作物。

从 2000 年以来的情况来看，2000～2011 年，粮食播种面积基本保持稳定、缓慢的增长趋势，从 2000 年的 108463 千公顷增长到 2011 年的 110573 千公顷，这是保障我国农业丰收的重要基础条件。近十年来，稻谷、玉米、小麦、豆类仍是主要的农作物，其中稻谷、玉米的种植面积出现明显的增长趋势，而小麦、豆类生产面积出现一定下降趋势，不过今年来小麦种植面积出现了恢复性增长。总体来看，粮食生产面积占农作物总播种面积比例基本稳定在 68%～70%，谷物占农作物总播种面积的比例呈现较显著的增长趋势，达到 56% 以上，其中稻谷、小麦占比近年来相对比较稳定，但是玉米面积占比增长较快，豆类、薯类、油料作物生产面积占农作物总播种面积比重呈现缓慢下降趋势。

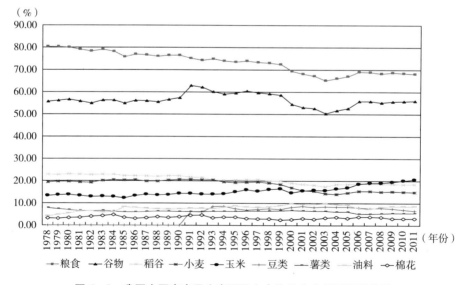

图 6-2　我国主要农产品生产面积占农作物生产总面积的比重

2. 农业生产劳动使用状况

从每亩农产品生产的劳动投入差异与变动来看，主要农产品生产的劳动投入数量均呈现持续下降的趋势，但是差异较大。就各农产品每亩劳动投入数量来看，棉花最高，油料次之，然后分别是稻谷、玉米、小麦与大豆，这可以初步看出每种作物生产的劳动力投入结构差异，当然，在劳动力机会成本逐渐增高的情况下，劳动力投入数量越多的产品，其对应的预期收益也应比较高，否则将对其生产产生不利影响。就劳动力投入数量变动来看，1978 年以来我国农业生产出现了显著的劳动力投入强度下降趋势，其中下降明显的是大豆生产的劳动投入数量。自 1978 年以来，大豆生产的每亩劳动力投入数量下降了接近 85%，稻谷生产的每亩劳动力投入数量下降了接近 80%，玉米、小麦、棉花也都表现出了相似特征。即使考虑 2000 年以来的情况，大豆、稻谷、玉米的每亩劳动力投入数量也下降了接近 50%。由此可见，农业生产劳动力投入下降也存在内在的经济动因，其对农业生产的影响也将逐渐显现。

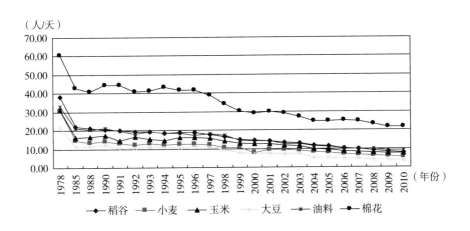

图 6-3　主要农产品每亩用工数量

从三大谷物生产的每亩用工数量及雇工情况来看，农业劳动用工工价出现了持续快速增长，即使在农业用工数量快速下降的情况下，农业生产中的人工成本仍出现了快速增长。家庭用工数量基本处于持续快速下降状态，而雇工数量并没有相应的增长，反而出现一定程度的下降，但是家庭用工折价与雇工工价均保持着持续快速增长，由此，每亩人工成本出现了持续快速增长。当然，我们也可以理解为随着用工成本的快速增长（包括家庭用工与雇工两个方面）、粮食生产的劳动成本快速地增长，再加上粮食生产效益的下降、农民外出务工机会的增加，农民对粮食生产的劳动力投入出现了快速下降现象。

表 6－2　1998～2010 年粮食生产每亩用人数量与用工费用

项目　年份	每亩人工成本（元）	家庭用工情况			雇工情况		
		家庭用工折价（元）	家庭用工天数（日）	劳动日工价（元）	雇工费用（元）	雇工天数（日）	雇工工价（元）
1998	136.01	128.64	13.4	9.6	7.37	0.4	18.43
1999	128.43	107.35	11.3	9.5	21.08	1.5	14.05
2000	126.35	117	11.7	10	9.35	0.5	18.7
2001	128.65	119.6	11.5	10.4	9.05	0.5	18.1
2002	130.05	121	11	11	9.05	0.5	18.1
2003	128.12	118.72	10.6	11.2	9.4	0.5	18.8
2004	141.26	129.33	9.44	13.7	11.93	0.53	22.51
2005	151.37	140	9.15	15.3	11.37	0.44	25.84
2006	151.9	140.1	8.29	16.9	11.8	0.39	30.26
2007	159.55	145.67	7.79	18.7	13.88	0.39	35.59
2008	175.02	158.33	7.33	21.6	16.69	0.36	46.36
2009	188.39	171.05	6.9	24.8	17.34	0.32	53.69
2010	226.9	206.27	6.59	31.3	20.63	0.34	60.67

3. 农业生产的物质与服务投入状况

为考察农业生产要素投入使用状况，详细考察三大谷物生产的物质与服务费用构成后可以发现，肥料费仍是最主要的物质与服务费用支出，但是租赁作业费增长最为明显，而种子费、农药费、间接费等支持均处于相对稳定状态。1978～2010年，肥料费占物质与服务费的比重基本在35%～47.5%，其中1978～2003年基本处于缓慢下降状态，但是2004年以来，出现了较大幅度的增长，这与肥料数量增长是一致的。1978年以来，租赁作业费增长最为明显，租赁作业费占物质与服务费的比重从1978年的16.65%增长到2010年的36.22%，仅次于肥料费用支出占比。

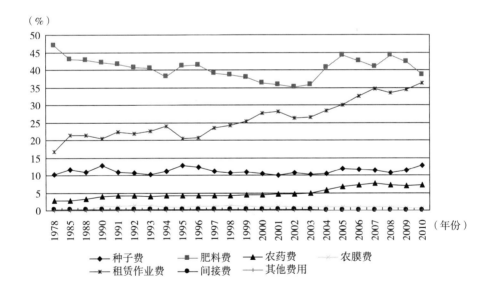

图6-4 1978～2010年粮食生产的物质与服务费用投入结构

进一步分析发现，租赁作业费用增长主要是由机械作业费用增长引起的，尤其是2004年以来，这样的特征更为明显，机械作业费基本处于持续快速增长状态。1978 年以来，机械作业费占租赁作业费比重从 1978 年的 17.18% 持续增长到 2010 年的 75% 以上，增长了 3 倍以上。

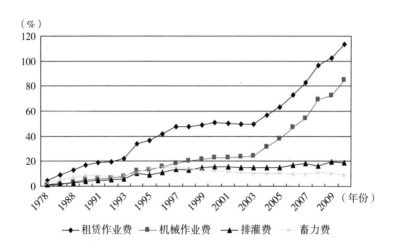

图 6-5　1978~2010 年粮食生产租赁作业费用支出

4. 土地使用状况

关于土地使用尤其是规模化问题一直是理论与实践中非常关注的话题，在此，我们对土地使用状况也进行一定分析。从农业生产总成本构成分析中发现，土地成本出现了快速增长，但从土地成本的两部分构成来看，自营地折租增长较快，而流转土地租金增长非常缓慢，而且数值非常低，这说明农村土地流转程度与规模仍相对较小。不过，从农村居民家庭经营耕地面积变动来看，2004 年以来，我国农村居民家庭经营耕地面积出现了持续增长现象，农村居民家庭经营耕地面积从 2004 年的 2 亩持续增长到 2010 年的 2.3 亩。在农村土地流转租金基本保持稳定的状态下，农村家庭经营耕地规模的扩大在某种程度上可以理解为农村人口外流以后引起的农村耕地重新配置的结果。

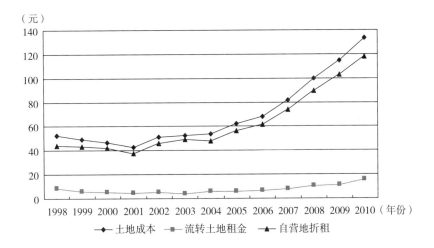

图 6 - 6　土地成本及主要构成

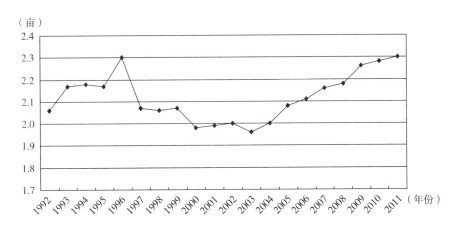

图 6 - 7　农村居民家庭经营耕地面积

6.3　农业生产要素替代关系变动

测度生产要素投入组合关系变动的重要指标是要素替代弹性，要素替代弹性是指产出不变时，反映生产要素相互替代的难易度。替代弹性越大，说明当一种要素减少时，另外一种要素将对其产生较强的替代。当然，若从广义技术含义来说，生产要素投入组合变动也能够反映农业技术的变动方向。

6.3.1 测度方法

为了准确估计农业要素关系的变动特点与变动趋势，这里采用超越对数生产函数模型展开分析。常用的形式为柯布—道格拉斯（C–D）生产函数、固定替代弹性（CES）生产函数，这些函数形式的局限性在于对替代弹性 6 作出了限定。另外的一个重要缺陷载于规模报酬不变假定。Christensen、Jorgenson 和 Lau（1973）在前人的基础上发展了超越生产函数，它可以方便地对可变替代弹性进行估计。在超越对数生产函数中，产出弹性和替代弹性反映了投入要素之间的相互作用关系与不同投入技术进步的快慢差异，所以超越对数生产函数能揭示经济系统更多的内容。

受数据获取性影响，我们无法获得农产品总产量，因此，本研究选取粮食生产数据展开分析。关于粮食范畴的界定国内外存在较大差异，国际通常界定的粮食是我国的谷物概念，与前文一致，本文所涉及的粮食主要指谷物概念所包括的相关作物。基于超越对数函数构建粮食生产总量模型，被解释变量为粮食生产总量，投入要素包括粮食生产资本投入、劳动投入、播种面积以及自然灾害影响，其中粮食生产资本投入主要从生产机械投入与化肥使用两方面加以度量，二者都反映了物化技术的使用情况。由于自然灾害对粮食生产具有直接影响，且自然灾害对粮食产量的影响具有系统性，所以需要考虑自然灾害的影响。由此，模型结构如下：

$$\ln Q_{it} = \alpha_0 + \alpha_A \ln AI_{it} + \alpha_L \ln LI_{it} + \alpha_M \ln MI_{it} + \alpha_F \ln FI_{it} + \alpha_{AL} \ln AI_{it} \times \ln LI_{it} +$$
$$\alpha_{AM} \ln AI_{it} \times \ln MI_{it} + \alpha_{AF} \ln AI_{it} \times \ln FI_{it} + \alpha_{LM} \ln LI_{it} \times \ln MI_{it} +$$

$$\alpha_{LF}\ln LI_{it} \times \ln FI_{it} + \alpha_{MF}\ln MI_{it} \times \ln FI_{it} + \alpha_{AA}(\ln AI_{it})^2 + \alpha_{LL}(\ln LI_{it})^2 +$$

$$\alpha_{MM}(\ln MI_{it})^2 + \alpha_{FF}(\ln FI_{it})^2 + \beta ND_{it} \qquad (6-1)$$

式中，Q_{it} 表示第 i 个各省份第 t 年农业总产出，AI_{it} 表示第 i 个各省份第 t 年播种面积，LI_{it} 表示第 i 个各省份第 t 年劳动投入，MI_{it} 表示第 i 个各省份第 t 年农业机械投入，FI_{it} 表示第 i 个各省份第 t 年化肥投入。ND_{it} 表示第 i 个各省份第 t 年自然灾害率。对于自然灾害变量的进入形式，考虑自然灾害影响各要素的边际产出能力，进而对技术进步类型测度的影响具有系统性，因此，自然灾害采用指数的形式进入生产函数。根据式（6-1）可知，劳动力使用产出弹性为

$$E_L = \frac{\partial \ln Q}{\partial \ln LI} = \alpha_M + \alpha_{MF}\ln MI_t + \alpha_{ML}\ln FI_t + \alpha_{MI}\ln AI_t + 2\alpha_{MM}\ln LI_t \qquad (6-2)$$

采用同样的方法，可以得出其他要素的边际产出弹性。要素投入的替代弹性是要素投入比例的变化率与要素投入的边际技术替代率的变化率的比值。要素替代弹性是指在技术水平和投入要素价格不变的条件下，投入比例相对变动与边际技术替代率相对变动之比，替代商品的交叉弹性为正，替代性越高，弹性越大。根据式（6-1），可以测算四种生产投入要素的相互替代弹性。

要素投入的替代弹性是要素投入比例的变化率与要素投入的边际技术替代率的变化率的比值①。根据式（6-1），可以测算四种生产投入要素的相互替代弹性。机械使用与化肥使用的替代弹性为：

$$\sigma_{MF} = \frac{d\left(\frac{MI}{FI}\right)}{\frac{MI}{FI}}\left(\frac{d\frac{MP_F}{MP_M}}{\frac{MP_F}{MP_M}}\right)^{-1} = \frac{d\left(\frac{MI}{FI}\right)\frac{MP_F}{MP_M}}{d\frac{MP_F}{MP_M}\frac{MI}{FI}} \qquad (6-3)$$

式中，MP_M、MP_F 分别表示机械与化肥投入的边际产出弹性。而

---

① 要素替代弹性是指在技术水平和投入要素价格不变的条件下，投入比例相对变动与边际技术替代率相对变动之比，替代商品的交叉弹性为正，替代性越高，弹性越大。

$$\frac{MP_F}{MP_M} = \frac{\frac{\partial Q}{\partial FI}}{\frac{\partial Q}{\partial MI}} = \frac{E_F}{E_M} \frac{MI}{FI} \qquad (6-4)$$

于是替代弹性可简化为

$$\sigma_{MF} = \frac{d\left(\frac{MI}{FI}\right)}{d\frac{MP_F}{MP_M}} \frac{E_F}{E_M} = \frac{E_F}{E_M} \left[\frac{d\left(\frac{E_F}{E_M} \frac{MI}{FI}\right)}{d\left(\frac{MI}{FI}\right)}\right]^{-1} \qquad (6-5)$$

又因为,

$$\frac{d\left(\frac{E_F}{E_M} \frac{MI}{FI}\right)}{d\left(\frac{MI}{FI}\right)} = \frac{E_F}{E_M} + \frac{MI}{FI} \frac{d\left(\frac{E_F}{E_M}\right)}{d\left(\frac{MI}{FI}\right)} \qquad (6-6)$$

而

$$d\left(\frac{E_F}{E_M}\right) = -\frac{E_F}{E_M} dE_M + \frac{1}{E_M} dE_F, \quad d\left(\frac{MI}{FI}\right) = -\frac{MI}{(FI)^2} dFI + \frac{1}{FI} dMI \qquad (6-7)$$

将上式带入替代弹性,可得机械使用与化肥使用投入的替代弹性为:

$$\sigma_{MF} = \frac{1}{1 + \left(-\alpha_{MF} + \frac{E_M}{E_F}\alpha_{FF}\right)(-E_M + E_F)^{-1}} \qquad (6-8)$$

同理,机械使用与劳动投入的替代弹性、耕地与劳动替代弹性等。

6.3.2 样本与数据说明

在样本的选取上,本书样本的主体是中国省级地区,由于部分数据的不可获得性,西藏没有包含在我们的样本中,因此,研究样本主要包括我国大陆地区 30 个省份。

关于研究时间范围,本书样本的时间范围确定为 2001~2010 年,这主要出于以下考虑:首先,从相关研究来看,众多学者们对改革开放初期中国农业增长问题的研究已经达成了共识，近年来，部分学者对改革开放以来至新世纪初期的农业生产及效率问题展开了研究，但考虑我国经济社会环境变化，集中研究入世以来市场化趋势下我国农村劳动力流动与农业发展问题的仍较少；其次，随着我国经济市场化改革进程加快，农业生产要素流动与农产品流通的市场化趋势将逐渐提高，2001 年以来，农村劳动力流动政策才向目前的自由化趋势下转变，在这样的背景下集中研究农村劳动力自由流动趋势下农业要素结构变动问题更加具有现实意义。

关于研究对象选取，本书目标是侧重分析农村劳动力流动对农业生产要素结构及生产的影响。本书使用数据主要来源于《农产品成本收益资料汇编》《中国统计年鉴》（2002～2011 年）、中经网统计数据库等。关于中国农业增长研究中所采用的投入要素除了土地和劳动力以外，大多数研究考虑的投入要素还包括化肥的吨数、农机总动力的数量、生产性固定资产（张凤波，1987；舒元，1993；张元红，1996；姚万军，2005；张浩等，2008）。考察农业生产性固定资产构成后发现，农业生产性固定资产主要是由各种类型的机械组成，因此，农业生产机械基本反映了资本投入状况。为此，本书的产出数据采用的是各地区各年份的粮食产量，被解释变量采用各省份的粮食产量数据，投入数据中包括了粮食播种面积、劳动投入、农业机械投入、化肥投入四大要素。由于缺少粮食生产的从业人员、机械投入、化肥使用量等数据，所以本书首先根据《全国农产品成本收益资料汇编》分别查找出粮食作物每亩用工数量、化肥使用量、机械租赁费用，再从《中国农村统计年鉴》中获得每一种作物的生产面积，然后将每一种作物单位要素投入与生产面积相乘，最后加总获得粮食生产的用工总量、化肥投入总量与机械费用支出总量，并采用农机价格指数对机械费用支出总量进行缩减得到机械投入的实际使用数量，这样我们就得到了粮食生产的实际劳动投入数量、化肥使用数量、机械使用数量与播种面积等变量数据。此外，由于 2006 年化肥使用量、第一产业从业人员数据缺失，本书分别采用各自指标 2005 年与 2007 年数据的平均值代替。

6.3.3 农业生产要素关系变动的测度

根据上文的分析，对农业要素结构变动的超越对数生产函数估计的计量模型如下：

$$\ln Q_{it} = \alpha_0 + \alpha_A \ln AI_{it} + \alpha_L \ln LI_{it} + \alpha_M \ln MI_{it} + \alpha_F \ln FI_{it} + \alpha_{AL} \ln AI_{it} \times \ln LI_{it} +$$

$$\alpha_{AM} \ln AI_{it} \times \ln MI_{it} + \alpha_{AF} \ln AI_{it} \times \ln FI_{it} + \alpha_{LM} \ln LI_{it} \times \ln MI_{it} +$$

$$\alpha_{LF} \ln LI_{it} \times \ln FI_{it} + \alpha_{MF} \ln MI_{it} \times \ln FI_{it} + \alpha_{AA} (\ln AI_{it})^2 + \alpha_{LL} (\ln LI_{it})^2 +$$

$$\alpha_{MM} (\ln MI_{it})^2 + \alpha_{FF} (\ln FI_{it})^2 + \beta ND_{it} + \varepsilon \qquad (6-9)$$

式中，Q_{it} 表示第 i 个各省份第 t 年粮食总产量，AI_{it} 表示第 i 个各省份第 t 年粮食播种面积，LI_{it} 表示第 i 个各省份第 t 年粮食生产劳动投入，MI_{it} 表示第 i 个各省份第 t 年粮食生产机械投入，FI_{it} 表示第 i 个各省份第 t 年粮食生产化肥投入，Nd_{it} 表示第 i 个各省份第 t 年自然灾害率。

1. 超越对数生产函数的计量检验及结果分析

根据前文关于变量、样本及数据的说明，利用 30 个省份的粮食生产数据对模型（6-9）进行估计。由于所用数据是面板数据（Panel Data），本书首先利用 Hausman 检验确定模型的形式[①]。Hausman 检验

---

① 随机效应可以看成是加约束的固定效应模型，Huasman 检验被用来判定固定效应模型和随机效应模型之间的选择，Hausman 检验原假设为：系数的差异是非系统的，接受原假设意味着模型为随机效应模型，拒绝原假设意味着模型为固定效应模型，对 Hausman 设定检验无法判别的模型，采取随机影响模型。假设 $\hat{\beta}_{FE}$ 表示采用固定效应模型估计的参数，$\hat{\beta}_{RE}$ 表示采用随机效应模型估计的参数。Hausman 检验如下：$(\hat{\beta}_{FE} - \hat{\beta}_{RE}) V (\hat{\beta}_{FE} - \hat{\beta}_{RE})^{-1} (\hat{\beta}_{FE} - \hat{\beta}_{RE})' \sim \chi_k^2$，其中 $V (\hat{\beta}_{FE} - \hat{\beta}_{RE}) = V (\hat{\beta}_{FE}) - V (\hat{\beta}_{RE})$，该检验值服从 χ^2 分布，显然当 Hausman 检验值小于零时，可以看出 $V (\hat{\beta}_{FE}) < V (\hat{\beta}_{RE})$，从方差比较角度来说，此时应选择固定效应模型。

值为 128.82，在 1% 水平显著，结合 Hausman 检验的判断准则，模型形式确定为固定效应，并根据固定效应模型计量结果进行分析。结果显示，模型调整 R^2 达到 0.9412，F 检验值在 1% 水平的拒绝系数均等于零原假设，关于固定效应模型地区虚拟变量等于零的联合假设检验也在 1% 水平显著，这说明固定效应模型估计结果可信度较高。

就各要素投入对粮食生产的影响来看，劳动、耕地、化肥与机械等要素对粮食生产的影响差异较大，不同要素对粮食生产影响的具体路径存在较大差异。

从劳动投入变量对粮食生产的影响来看，劳动对粮食生产的影响具有较强的贡献，虽然劳动投入未表现出显著的边际递减，但劳动对粮食生产的产出贡献受到机械与耕地的限制或替代。如表 6-3 的计量结果显示：劳动投入变量对粮食产量的影响系数为 0.3527，T 检验值为 2.3，在 5% 水平显著，这说明劳动投入增加对粮食产量增长具有较强的贡献，而且劳动投入平方项变量对粮食产量也产生正向影响，且在 1% 水平显著，可见单纯从劳动投入贡献来看，劳动投入对粮食产量增长仍具有较强的正向作用。但是，我们也应该注意到劳动与耕地、机械的交叉项变量影响均为负向，而且二者的 T 检验值均比较大，这可能反映了我国粮食生产中的人地矛盾、机械化快速发展产生的机械替代劳动等两方面现象，这二者的反向作用极大地限制了劳动对粮食生产的边际贡献。

从耕地对粮食生产的影响来看，耕地对粮食生产的影响相对较弱，但其边际影响效应存在增长趋势，但是机械投入增加对缓解耕地的边际产出递减效应具有正向作用。正如表 6-3 结果显示，虽然粮食播种面积变量对粮食产量的影响为负，但是播种面积的二次项为正，且都不显著。虽然人口迁移可以促进土地规模化，但是结果显示：目前土地的利用率比较低，规模化程度可能不高，难以发挥规模化效应。

表 6 - 3　超越对数生产函数的计量检验

指标	系数	标准差	T 检验	P 值
$\ln AI$	- 0. 1161	0. 2538	- 0. 46	0. 648
$\ln LI$	0. 3527 **	0. 1536	2. 3	0. 022
$\ln MI$	0. 1918	0. 1276	1. 5	0. 134
$\ln FI$	- 0. 3422 **	0. 1462	- 2. 34	0. 02
$\ln AI - \ln LI$	- 0. 1016 ***	0. 0376	- 2. 7	0. 007
$\ln AI - \ln MI$	0. 1330 ***	0. 0298	4. 47	0
$\ln AI - \ln FI$	- 0. 0298	0. 0384	- 0. 78	0. 438
$\ln LI - \ln MI$	- 0. 1448 ***	0. 0363	- 3. 99	0
$\ln LI - \ln FI$	- 0. 0318	0. 0406	- 0. 78	0. 434
$\ln MI - \ln FI$	0. 1650 ***	0. 0460	3. 59	0
$\ln AI^2$	0. 0206	0. 0206	1	0. 319
$\ln LI^2$	0. 1167 ***	0. 0299	3. 9	0
$\ln MI^2$	- 0. 0654 ***	0. 0224	- 2. 92	0. 004
$\ln FI^2$	- 0. 0444 *	0. 0227	- 1. 95	0. 052
ND	- 0. 1838 ***	0. 0361	- 5. 09	0
常数项	4. 9712 ***	1. 0072	4. 94	0
调整 R^2	0. 9412			
F	26. 43 ***			
Hausman 检验	128. 82			

注：***表示 1% 水平显著，**表示 5% 水平显著，*表示 10% 水平显著。

从农业机械对粮食生产的影响来看，农业机械对粮食生产的直接贡献较弱，且农业机械对粮食生产的边际产出贡献影响也为负。农业机械投入变量对粮食产量的影响为正向，但不显著，劳动投入与农业机械投入交叉项变量的影响也为负向，不过耕地、化肥投入与农业机械交叉项对粮食生产具有正向影响，这说明随着粮食播种面积的增加，农业机械的规模效应会逐渐显现。正如表 6 - 3 结果显示，农业机械的平方项对粮食生产具有显著的负向影响，且在 1% 水平显著，说明随着农业机械投入数量的增长，农业机械变量对粮食产量的边际影响也出现了一定程度的下降。当然，若考虑我国农村土地分割的现实，这可能在一定程度上反映了农业生产规模对机械化效果的约束。

从化肥投入变量对粮食生产的影响来看，化肥投入对粮食生产具有负向影响，但表现出一定的边际递减作用。正如表 6-3 结果显示，化肥投入变量、化肥投入平方项变量对粮食产量均产生负向影响，但化肥投入与机械投入的交叉项变量对粮食生产具有正向作用。正如前文分析，化肥与机械化逐渐成为粮食增长的重要互补性因素，所以二者的交叉变量表现出较强的显著性。

与通常研究一致，自然灾害变量对粮食生产具有显著的负向影响。正如表 6-3 结果显示，自然灾害变量对粮食生产影响为 -0.1838，T 检验值达到 -5.09，在 1% 水平显著，这也说明自然灾害对我国粮食生产的影响非常显著，仍应引起关注。

总之，劳动对粮食生产的影响具有较强的贡献，但劳动对粮食生产的产出贡献受到机械与耕地的限制或替代。耕地对粮食生产的影响相对较弱，但其边际影响效应存在增长趋势，但是机械投入增加对缓解耕地的边际产出递减效应具有正向作用。农业机械对粮食生产的直接贡献较弱，且农业机械对粮食生产的边际产出贡献影响也为负。化肥投入对粮食生产具有负向影响，但表现出一定的边际递减作用。

2. 要素产出弹性与替代弹性分析

根据超越对数生产函数的参数估计结果，结合粮食生产投入产出数据，分别测算了耕地、劳动、机械、化肥的产出弹性，测算耕地、劳动、机械、化肥四大要素间的替代弹性。根据替代弹性定义可知，替代品的交叉弹性为正，替代性越高，弹性越大，要素之间这种可替代程度的高低可用要素替代弹性来描述，其具体含义是：一种生产要素价格变化以后，它与另一种生产要素相互替代率的变化就是生产要素的替代弹性。

如表 6-4 结果显示，劳动、耕地、机械、化肥的产出弹性大于零，其中劳动对粮食生产的作用程度最大，虽然不同要素产出弹性有所波动，但是，基本保持相对稳定。如表 6-4 结果显示，2001～2010年，劳动投入的产出弹性最大，并且表现出一定的增长趋势，劳动产出弹性从 2001 年的 0.7195 持续增长到 2010 年的 0.8305。正如现实情况所示，随着农村劳动力的大量外流，农业生产的劳动力有效投入也在不断下降，但是由此产生的边际产出必然出现显著的增长。耕地平均产出弹性为 0.0403，耕地产出弹性出现一定的下降趋势，从 2001 年的 0.0495 下降到 2010 年的 0.039。正如前面提到，土地利用率比较低，难以发挥规模效应。化肥平均产出弹性为 0.0894，化肥对粮食生产的影响比较低，说明目前化肥使用过度了，在不提高其他要素效率的前提下，提高化肥的使用量对农业产量的效用越来越低。农业机械平均产出弹性为 0.0605，低于劳动、化肥这两种要素，虽然我国农业机械投入快速增长，但机械对粮食生产的边际贡献不大，说明在土地利用率比较低的前提下，机械不能发挥较高的作用；另外，农村劳动力中高素质人才外流，剩下老人、妇女，他们缺乏对机械使用技能的掌握，使得机械的产出弹性比较低。总的来说，劳动投入的产出弹性最大，耕地、机械、化肥等投入要素的产出弹性比较低。农业生产投入要素之间相互影响、相互制约。

从耕地、劳动、机械、化肥四大要素的替代弹性变动来看，耕地与其他三种要素的替代弹性较大，而其他三种要素间的替代弹性较小，相反互补性正逐渐增强。如表 6-4 结果显示，耕地与劳动、机械、化肥的替代弹性均值保持在 0.8 以上，这说明随着耕地总量的约束，农业生产增长更多依赖其他要素投入，只有提高土地的利用率，才能更好地促进其他要素发挥替代效应。机械与劳动、化肥与劳动、机械与化肥的替代弹性大都在 0.7 以下，并出现一定程度的下降趋势，尤其是机械与劳动的替代性最低，均值仅为 0.5219，并出现明显的下降趋势。这可能反映了我国农业生产的新的趋势与特征，随着农村劳动力外流与农村经济快速发展，农业生产方式发生了重要变化，农业生产方式更多表现为机械化、机械化与生物化，这使得劳动与其他要素的互补性逐渐增强。

表 6 – 4　2001 ~ 2010 年农业生产要素产出弹性与替代弹性

项目　年份	产出弹性				替代弹性					
	耕地	劳动	机械	化肥	劳动与耕地	机械与劳动	化肥与劳动	机械与耕地	化肥与耕地	机械与化肥
2001	0.0495	0.7195	0.0395	0.0700	0.8466	0.3984	0.5169	0.8201	0.9593	1.0340
2002	0.0404	0.7245	0.0430	0.0578	0.8512	0.7000	0.8215	0.8047	0.7466	0.1383
2003	0.0382	0.7363	0.0457	0.0627	0.8549	0.4888	0.3538	0.8299	0.6119	0.5728
2004	0.0483	0.7506	0.0500	0.0937	0.8547	0.7452	1.0431	0.8423	1.3437	0.7675
2005	0.0390	0.7588	0.0571	0.0804	0.8609	0.6604	0.7922	0.8377	0.9169	0.8476
2006	0.0428	0.7763	0.0627	0.1026	0.8631	0.4861	0.5144	0.8307	0.7974	1.0437
2007	0.0339	0.7777	0.0676	0.0842	0.8668	0.6137	0.9256	0.8450	1.0731	0.5896
2008	0.0375	0.7982	0.0738	0.1060	0.8700	0.3591	0.5417	0.8530	0.5549	0.4343
2009	0.0343	0.8094	0.0800	0.1061	0.8727	0.3623	0.5508	0.8575	0.7388	0.5570
2010	0.0390	0.8305	0.0860	0.1309	0.8754	0.4052	0.2043	0.8690	0.8213	0.6052
均值	0.0403	0.7682	0.0605	0.0894	0.8616	0.5219	0.6264	0.8390	0.8564	0.6590

总之，从生产投入要素边际产出弹性分析：劳动投入的产出弹性最大，并且表现出一定的增长趋势；耕地、化肥、机械产出弹性比较低，对粮食生产边际产出贡献比较低。从耕地、劳动、机械、化肥四大要素替代弹性变动来看，耕地与其他三种要素的替代弹性较大，而其他三种要素间的替代弹性较小，相反，互补性正逐渐增强。在目前的农业发展中，农业生产投入要素之间的关系越来越紧密，它们之间不是简单的替代与被替代关系，而是相互影响、相互制约。一种要素的效用提高，必须建立在其他要素效用提高的基础上，这样有效的组合，才能促进农业生产率的提高以及农业的发展。

从产出弹性的地区差异来看，东部、中部、西部三大地区的资本、劳动、机械、化肥的产出弹性及替代弹性差异明显。从产出弹性对比来看，东部、中部、西部三大地区的劳动弹性均高于其他要素的产出弹性，其中东部地区的劳动产出弹性最高，达到 0.8133；东部、中部、西部三大地区的机械产出弹性存在一定差异，中部地区最好，东部地区次之，西部地区最小，这可能与中部地区平均生产规模较大、机械边际效益较高有关；东部、中部、西部三大地区的化肥产出弹性表现出特有性质，中部地区最好，东部地区次之，西部地区最小。

表 6-5　三大地区农业生产要素产出弹性与替代弹性

指标	项目	东部地区	中部地区	西部地区
产出弹性	耕地	0.0210	0.0764	0.0290
	劳动	0.8133	0.7732	0.7334
	机械	0.0591	0.08316	0.0456
	化肥	0.0921	0.1365	0.0269
替代弹性	耕地与劳动	0.8735	0.8556	0.8540
	机械与劳动	0.5463	0.4553	0.5551
	化肥与劳动	0.5683	0.6023	0.7121
	机械与耕地	0.8507	0.8771	0.7919
	化肥与耕地	1.0942	0.7986	0.6469
	机械与化肥	0.3992	0.7594	0.8544

注：东部地区包括北京、天津、河北、辽宁、上海、江苏、浙江、福建、山东、广东、海南，中部地区包括黑龙江、吉林、山西、安徽、江西、河南、湖北、湖南，西部地区包括四川、重庆、贵州、云南、陕西、甘肃、青海、宁夏、新疆、广西、内蒙古。

从替代弹性的地区差异来看，东部、中部、西部三大地区的资本、劳动、机械、化肥的替代弹性差异也比较明显。从耕地与其他要素的替代关系来看，三大地区劳动、机械与耕地的替代弹性差异较小，均在 0.8 左右，但是化肥与耕地替代弹性差异较大，而中部与西部地区仍较小。就劳动与机械替代弹性地区差异来看，三大地区间的劳动与机械的替代性均较大，这说明机械与劳动逐渐成为农业生产的共性影响因素。但是，化肥与劳动间的替代性也表现出此类特征，不过西部地区的相对较高，这可能反映了地区经济发展水平的差异。东部、中部、西部三大地区的机械与化肥替代性差异较大，东部地区机械与化肥的替代弹性仅为 0.3992，而中部地区与西部地区的机械与化肥替代弹性分别为 0.7594、0.8544，这说明东部地区的农业生产对机械、化肥的使用数量出现相伴增长趋势，而中部、西部地区对物质资本投入受到经济条件的约束仍较明显。

6.4　计量检验及结果分析

6.4.1　计量模型与数据说明

在我国农业生产极度分散的情况下，农户是农业生产中最主要的决策主体，农业生产要素关系变动必然是农户在一定约束条件下对生产预期收益、成本的理性选择结果。正如舒尔茨提出，在传统农业中，小农与资本企业主在利润的追求与要素价格的反应上是一致的，他们都是利润最大化的追求者，对待市场信号会积极而迅速地做出反应。在我国农产品的商品率已经达到一半的形势下，外界经济环境变化也必然对农户生产要素投入结构产生重要影响。对于粮食生产来说，粮食生产要素关系变动既受到粮食生产成本变动的影响，又受到外部经济环境的影响，如劳动力流动性、地方经济发展、农户经济条件等。总体来看，粮食生产要素关系变动的主要影响因素包括地区经济发展水平、农户经济能力、农业生产规模、农业生产要素价格、农村劳动力流动等变量。在实证分析中，本书主要实证分析了农村劳动力流动对农业生产要素的技术替代关系的影响。具体的模型形式如下：

$$GTC_{it} = \beta_0 + \beta_1 NAR_{it} + \beta_2 WR_{it} + \beta_3 ED_{it} + \beta_4 APC_{it} + \beta_5 PS_{it} + \beta_6 WP_{it} + \beta_7 MP_{it} + \beta_8 FP_{it} + \eta \qquad (6-10)$$

式中，GTC 表示被解释变量，主要采用粮食生产要素的技术替代变量，由资本、劳动、机械、化肥间的替代弹性表示；β 表示待估参数；η 表示随机扰动项。

解释变量主要包括：

（1）农村劳动力流动，包括农村人口转移、农村劳动力非农就业两个变量，分别采用各地区城镇人口比例（NAR）（由于无法获取2006 年以前城镇人口数据，故本书采用城镇就业人口比重表示）、农村居民家庭纯收入中工资性收入比例（WR）表示。通常来说，农村劳动力流动性增强，将凸显粮食生产要素的机会成本，使得粮食要素投入配置得以优化，从而使得粮食生产要素需求、技术结构、产出贡献发生变动。

（2）地区经济发展水平（ED），采用各地区人均 GDP 表示。地区经济发展水平不同，政府对农业生产的支持力度也存在差异，通常来说，经济越发达的地区，政府对农业生产的投入能力越强，土地、劳动等要素机会成本越高，农业机械、化肥等物化技术投入能力越高，农业生产技术资本密集度可能越高。

（3）农户经济条件（APC），采用农村居民人均纯收入表示，加入该变量可以考察粮食要素结构变动是否存在收入增长效应。农户经济能力对粮食生产可能促使粮食生产物化技术发展，农户经济能力越高，农户对粮食生产的各种物化技术的支付能力越高，但是农业收入比重越高，农民收入总体水平越低，所以农户经济条件也可能与机械、化肥投入存在负向关系。此外，我们也注意到农民收入水平与粮食生产存在内生性关系，所以本书采用滞后一期的农村居民人均纯收入变量表示。

（4）生产规模（PS），采用各地区人均耕地面积表示。众多学者研究发现，农业生产规模对农业生产技术发展具有重要影响，不同生产规模将使得农业生产要素投入的边际产出存在较大差异，从而影响农业要素的结构变动。因此，本书加入农业生产规模变量，以考察粮食要素结构变动是否受到生产规模影响。

（5）农业生产资料价格，由于无法获取农地价格指数，所以本书主要考察劳动的价格指数变动（WP）、机械化农具（MP）、化学肥料（FP）对农业技术变动的影响，主要采用各种生产要素的价格指数表示，包括化肥价格指数、机械化农具价格指数、工资指数（本书采用城镇职工工资增长率表示）。考虑到替代弹性是在要素价格变动条件下的分析，因此，有必要控制要素价格对替代弹性的影响。生产资料价格直接影响粮食生产成本，从而影响粮食生产要素投入结构与粮食要素结构变动。

与前文说明一致，本书样本的主体是中国省级地区，主要包括我国大陆地区 30 个省份。样本的时间范围为 2001～2010 年，使用数据主要来源于《全国农产品成本收益资料汇编》《中国统计年鉴》（2002～2011）与中经网统计数据库等。

6.4.2 计量检验

为更加清晰地反映农村劳动力流动对农业生产要素关系变动的影响，本部分从两方面展开研究：一是研究农村劳动力流动对农业生产单位面积要素投入水平的影响，二是研究农村劳动力流动对主要生产要素间替代关系的影响。

1. 农村劳动力流动对农业生产要素投入的影响

为了考察农村劳动力流动对农业要素投入的影响，本部分着重研究农村劳动力流动对农业生产中单位面积的劳动、机械、化肥三大要素投入数量的影响。利用 30 个省份数据对模型（6 - 10）进行估计。被解释变量为单位面积劳动投入数量、单位面积机械投入规模、单位面积化肥投入数量，并采用似不相关回归估计方法进行计量检验。结果显示，模型整体统计显著性检验值均较大，均在 1% 水平显著，说明模型整体可信度较高，可以进一步展开分析。

从表 6 - 6 的计量检验结果我们可以看出：农村劳动力流动变量对农业要素投入产生了重要影响，但不同变量的影响程度差异较大。从农村劳动力流动方式的影响来看，农村人口转移变量对农业生产单位面积的机械、化肥投入均产生了正向影响，对劳动投入产生了负向影响，其中对劳动投入与化肥投入均产生了显著影响，分别在 10%、1% 水平显著。从非农就业变量影响来看，非农就业变量对机械与化肥投入均产生了显著的正向影响，而对单位面积的劳动投入产生了一定的负向影响，但不显著，这恰好说明非农就业促进了农民外出务工，从而对农业生产的劳动投入产生不利影响，但是结果在一定程度上也反映出农村劳动力非农就业能够使得其他物质资本要素增加，如单位面积的机械与化肥投入水平，但是正如前面结论发现：物化资本投资额虽然增加，但是使用效率却很低。

地区经济发展水平对物化农业生产投入的影响是显著的。结果显示，地区经济发展水平均对劳动、机械、化肥产生了显著的负向影响。这说明，在我国农业生产比较效益非常低下的情况下，经济越发达地区，越倾向其他产业，而非农业，进而对农业生产产生了显著的不利影响。从农户角度来说，农户经济条件变量、平均生产规模变量对农业生产投入具有重要影响。模型（6 - 10）的结果显示，以滞后一期农民人均纯收入表示的农户经济条件变量对劳动投入产生了负向影响，而对机械与化肥投入均产生了显著的正向影响，且分别在1%、10%水平显著，这更进一步支持了上述结论。农户平均生产规模对劳动投入具有显著的负向影响，但对机械投入具有显著的正向影响，这反映了随着规模扩大，农户生产投入行为的变动特点，即更多依赖机械投入来实现农业生产。就要素价格的影响来看，机械化农具价格指数、化肥价格指数、工资率三个价格指数对农业要素投入均具有负向影响，与预期基本一致，这也说明要素价格变动对农业生产要素投入的影响作用日益增强。

表 6 - 6　农村劳动力流动对农业生产要素投入的影响

指标	M₁ (LI)		M₂ (MI)		M₃ (FI)	
	系数	Z 检验	系数	Z 检验	系数	Z 检验
人口转移	- 7.9325 **	1.97	28.7815	0.95	29.6148 ***	3.17
非农就业	- 2.5376	0.88	23.2719 *	1.57	8.7247 *	1.61
地区经济发展水平	- 0.0002 ***	- 3.48	- 0.0018 ***	- 3.94	- 0.0006 ***	- 4.44
农户经济条件	- 0.0008	- 1.87	0.0112 ***	3.51	0.0006 *	1.58
生产规模	- 0.6628 ***	- 4.66	1.5751 *	1.58	- 0.0800	- 0.24
工资指数	- 19.2874 ***	- 4.33				
农机价格指数			- 153.5571 ***	2.99		
化学肥料价格					- 18.4371 ***	2.93
常数项	33.7953 ***	5.21	- 252.5520 ***	- 5.18	11.2852	0.75
调整 R²	0.5288		0.1544		0.2421	
chi2	336.66 ***		54.76 ***		95.86 ***	
P	0.0000		0.0000		0.0000	

注：***表示1%水平显著，**表示5%水平显著，*表示10%水平显著。

2. 农村劳动力流动对农业生产要素替代关系的影响

为了考察农村劳动力流动对农业要素结构变动的影响，本书采用似不相关回归估计方法分析农村劳动力流动对农业生产中资本、劳动、机械、化肥四大要素替代弹性的影响。根据前文的变量、样本及数据，结合农业要素结构变动估计及测算结果，利用30个省份的数据对模型（6－10）进行估计（结果详见表6－7），结果显示，模型整体统计显著性检验存在一定差异，除机械与化肥替代弹性的计量检验显著水平较低外，其他模型的计量检验均显著。从表6－7的计量检验结果我们可以看出：农村劳动力流动变量对农业要素结构变动产生了重要影响，其中农村劳动力流动对劳动与耕地替代关系、机械与劳动替代关系、化肥与劳动替代关系影响较大，说明农村劳动力流动促进了机械、化肥等对劳动力的替代，但不同变量的影响程度差异较大。

综合模型估计结果可以发现，农村劳动力流动对机械与劳动替代关系的影响最显著。结果显示，就农村人口转移变量的影响来看，农村人口转移变量对劳动与耕地替代弹性、化肥与耕地替代弹性、机械与劳动替代弹性均产生了显著影响，分别在1%、1%、5%水平显著；就非农就业变量影响来看，非农就业变量对机械与耕地替代弹性、机械与劳动替代弹性、化肥与劳动替代弹性均产生了显著的正向影响，分别在5%、10%、5%水平显著。根据替代弹性的定义可知，某两种要素的替代弹性主要反映了要素比例变化引起的要素边际产量比值的变化的比例，若某一种要素认为固定，替代弹性也可以理解为相对于参照要素，即另外一种要素单位投入变化引起的单位要素边际产量变化的比例。由此，替代弹性变化就体现了要素边际产出水平比值的变动。因此，从计量结果中也可以得出农村劳动力流动对生产投入要素结构的影响，农村人口转移程度提高，使得单位劳动耕地投入的相对边际产量单位耕地化肥投入的相对边际产量和单位劳动机械投入的相对边际产量都出现了显著增长的情况，从而使得人均耕地、每亩化肥投入、机械化强度等出现了增长的情况，所以出现了人口外迁、人均耕地增长、化肥与机械投入强度提高等情况。以此类推，非农就业程度提高，使得单位耕地的机械投入、人均机械与人均化肥投入出现增长。由此可以得出，农村劳动力流动对农业生产影响的方向。

地区经济发展水平对物化农业技术发展具有促进作用，地区经济发展水平越高，劳动与耕地的替代性越强，但是机械与耕地的替代性却产生了负向影响，这可能反映了地区机械化水平差异带来的影响。因为经济较发达地区的机械化程度已经较高，所以机械对耕地的替代性较差。从农户角度来说，农户经济条件变量、平均生产规模变量对农业要素投入结构变动的影响相对较强。农户经济条件对劳动与耕地替代关系、机械与耕地替代关系的影响较强，分别在 5%、1% 水平显著，但影响方向相反，这说明从农户自身角度来说，若经济实力强，其劳动投入动力不足、机械投入动力便相对较强。农户平均生产规模对农业生产要素的替代关系具有重要影响，生产规模变量对化肥与耕地替代弹性、机械与劳动替代弹性产生了显著的负向影响，而对其他要素替代关系均产生了显著的正向影响。换句话说，生产规模变动对要素间的组合关系产生了显著的影响，加快了要素的重新组合。就要素价格的影响来看，机械化农具价格指数、化肥价格指数、工资率三个价格指数对农业要素结构变动影响的差异较大，且不稳定。

6.4.3　结果分析

在农村劳动力流动步伐加快、农业生产劳动投入快速下降的形势下，劳动力投入对粮食生产的影响日益增强，农业劳动投入逐渐成为制约粮食生产的关键因素，以下着重分析农村劳动力流动对相关要素与劳动替代关系的影响。从上述计量结果可以得出，农村劳动力流动对农业生产要素关系变动产生了重要影响，农村人口迁移变量对耕地与劳动替代弹性、机械与劳动替代弹性产生了显著影响，而非农就业变量对机械与劳动替代弹性、化肥与劳动替代弹性产生了显著影响。

从农业生产要素替代弹性变动来看，耕地与劳动、机械、化肥的替代弹性均较大，而机械与劳动、化肥与劳动、机械与化肥的替代弹性均较小，并出现一定程度的下降趋势，其中机械与劳动弹性下降最为明显。

为什么农村劳动力流动会促进耕地对劳动的替代？为什么耕地对劳动力产生较强的替代性，而机械与化肥对劳动的替代性较弱？首先，就农村劳动力流动促进耕地对劳动替代的原因来看，农村劳动力流动对劳动替代弹性的影响较强主要是由于"生产结构调节效应"的作用，而"生产结构调节效应"的产生不仅是由于通常所说的农村劳动力流动使得更多劳动投入劳动密集度较低的产品生产尤其是粮食作物的生产，也是农民对经济利益追求的结果。从农产品每亩用工数量差异来看，棉花最高，油料次之，稻谷、玉米、小麦等粮食作物最低，这可以初步看出每种作物生产的劳动力投入结构差异。当然，在劳动力机会成本逐渐增高的情况下，劳动力投入数量越多的产品，其对应的预期收益也应比较高，否则，将对其生产产生不利影响。在农村劳动力流动性增强的趋势下，农业生产结构必然出现劳动密集度程度低的粮食作物的生产面积增长的现象，这可以从我国粮食作物与谷物生产面积持续增长加以反映出来，研究结果在某种程度上支持了 Taylor 和 Yunez Naude（2000）、Kuiper（2005）、陈凤波等（2006）、de Brauw（2007）等的研究结论。加上 2004 年以来先后实行的粮食生产直接补贴政策、粮食价格支持政策等，稻谷、小麦的生产优势得到进一步强化。其次，农村劳动力流动性增强也提高了农民进行农业生产的经济动因，农业生产收益的差异使得农民的生产决策方式出现了较大变动，从而加快了农业生产结构调节的频率，这可以从谷物内部的生产结构变动反映出来。近年来，我国农业生产结构变动的突出特征是玉米生产面积快速增长、大豆生产面积快速下降，作为主要的同季节作物，玉米的每亩用工数量显著高于大豆，但是从农本资料数据可以发现，近年来玉米的净收益水平快速增长，而大豆净收益水平不断下降，由此，这二者作物的比较效益发生了较大变动，可见这二者相互涨跌的根本原因在于农民对经济效益的追求。另外，对比不同作物单产水平的差异后，农业生产结构调整的另一特征是高产作物生产面积增长、低产作物生产面积下降，从而使得农业结构调整的同时带动总体单产水平的提高。在上述三个因素的共同作用下，使得农作物播种面积增长与农业生产结构调节效益足以弥补农业生产劳动力下降产生的影响，带动了粮食生产面积与粮食产量的增长，这也表现在耕地对劳动的替代上。相比较而言，机械与化肥这两种要素均不存这样的效应，而且随着农业生产方式由传统生产方式向现代生产方式转变的形势下，农业生产中人均使用物质资本的数量也将发生较大变动，资本与劳动的互补性逐渐增强，而替代性可能逐渐减弱，从而使得机械与化肥对劳动的替代效应逐渐下降。

那么，为什么农村劳动力流动对农业生产要素替代关系的影响存在较大差异呢？农村人口迁移对耕地与劳动替代弹性、机械与劳动替代弹性影响显著，而非农就业对机械与劳动替代弹性、化肥与劳动替代弹性影响显著，总体来看，二者均促进了机械对劳动的替代。二者的差异在于农村人口迁移促进了生产结构调节效应的作用，非农就业促进了生产投资效应的作用。从耕地与劳动替代弹性的影响来看，农村人口迁移的影响更强，主要原因可能在于生产结构调整效应主要是由于农村人口外迁引起的，这可以从两方面印证：一是家庭平均耕地数量在上升，二是农民的土地流转收入并未增加。这说明耕地数量上升不是因土地流转产生的，而主要是由于土地的重新配置引起的，产生这样变化的最主要因素可能是农村人口迁移，而不是非农就业增加引起的土地流转，这正如计量结果显示的那样。

与相关研究的结果相比（胡瑞法、冷燕，2006；陈开军，2010；王雅俊、王书斌，2011；郭剑雄、鲁永刚，2011；等等），本研究结果也得出我国农村劳动力流动促进了机械与化肥对劳动的替代与资本密集型技术发展的结论，但本研究发现我国资本密集型技术发展具有显著的专业化倾向，即资本密集型技术不是由于农户投资引起的，而是由于专业的农机服务发展所引致的，这可以从大中型农机数量快速增长中加以体现。从机械与化肥对劳动替代弹性的影响来看，非农就业均产生了显著影响，这可以理解为非农就业的生产投资效应更强些，当然我国农业生产中的生产投资效应可能不同于通常所说的投资效应，农民不是更趋向于选择购买机械，而是租赁机械、购买农机服务，本质还是为减少对农业生产的劳动投入，因此农业生产投资效应的实际效果会存在较大差异。从农民的生产投资角度来说，在农业生产的比较收益并未根本转变的形势下，农业生产效益难以支撑农民做出增加投资的选择，农民进行生产性投资的动力可能出现下降，所以我国农业生产中出现农业从业人员下降、小型机械与化肥施用总量增长缓慢甚至下降的现象，近年来出现的农机专业化、大型化发展在某种程度上也是对农民自有生产性投资不足的替代。因此，我们可以得出如下结论，农村人口转移促进了耕地、机械对劳动的替代，尤其是耕地的增长在某种程度上替代了因劳动下降产生的不利影响，从而使得农村人口迁移对农业生产面积与总产量产生显著正向影响，这可从前一章的结论看出，由此可见，农村人口迁移对农业生产的影响可能存在较强的"生产结构调节效应"。非农就业促进了机械、化肥等物化资本对劳动的替代，而且对机械、化肥的投入强度均具有较显著的正向影响，可见非农就业也存在一定的"生产性资产投资效应"，其根本动因也是农业劳动投入的减小，因为机械、化肥对劳动的替代正逐渐下降，所以非农就业对粮食生产的影响具有较大的不确定性。

由此可见，农村劳动力对农业生产要素结构影响的内在原因在于农村劳动力流动提高了农业劳动投入的机会成本，就业工资水平增长将使得更多农村劳动力投入到非农就业中（封进、张涛，2012），使得

表6-7　农村劳动力流动对农业要素结构变动影响的计量检验

指标	M_1 (σ_{LA}) 系数	Z检验	M_2 (σ_{ML}) 系数	Z检验	M_3 (σ_{FL}) 系数	Z检验	M_4 (σ_{MA}) 系数	Z检验	M_5 (σ_{FA}) 系数	Z检验	M_6 (σ_{MF}) 系数	Z检验
人口转移	0.101007***	2.6	8.25752**	2.13	-4.41011	-0.99	-0.36584	-0.86	10.45379***	3.1	0.409038	0.11
非农就业	-0.00251	-0.09	3.36155*	1.71	8.151704**	2.57	0.192903**	2.11	-3.4052	-1.41	3.628632	0.34
地区经济发展水平	1.43×10^{-6}***	2.4	2.45×10^{-5}	0.41	-1.5×10^{-5}	-0.22	-4.74×10^{-6}**	-2.43	-8.15×10^{-6}	-0.16	-6.1×10^{-5}	-1.06
农户经济条件	-8.86×10^{-6}**	-2.15	-0.00051	-1.24	-0.00018	-0.39	0.000058***	4.29	-0.00029	-0.81	0.000235	0.59
生产规模	0.00284**	2.07	-0.21906**	-1.6	0.326685**	2.08	0.01415***	3.14	-0.22889**	-1.92	0.236916*	1.77
农机价格指数	0.05181	0.78	-16.541**	-2.52	-6.42089	-0.85	-0.24116	-1.11	-3.78182	-0.66	-3.99487	-0.62
化学肥料价格	-0.02444	-0.93	2.123128	0.81	0.151641	0.05	0.098333	1.14	-0.42942	-0.19	1.275402	0.5
工资指数	0.035521	0.83	7.37031**	1.72	-0.19871	-0.04	0.229619**	1.63	9.266164***	2.49	1.351527	0.32
常数项	0.747895***	11.94	6.473489	1.04	6.080505	0.85	0.664969***	3.23	-7.15291	-1.32	0.149559	0.02
调整 R^2	0.2322		0.0541		0.0496		0.0181		0.104		0.0651	
chi2	90.75***		17.17**		15.38*		5.54		34.81***		20.91***	
P	0		0.0284		0.0349		0.6981		0		0.0074	

注：***表示1%水平显著，**表示5%水平显著，*表示10%水平显著。

农业生产要素更多地投向劳动密集度较低、机械化程度较高的作物生产，从而引致农业生产结构发生变动、机械与化肥使用数量与使用方式发生较大改变。

本章小结

本章详细考察了在农村劳动力流动背景下我国农业生产要素结构变动的特征，细致分析了农业生产投入结构、耕地利用结构与使用方式、农业劳动使用结构、农业机械利用结构与使用方式等，从总量层面测度了耕地、劳动、机械与化肥四个要素关系的变动，进而实证分析了农村劳动力流动对农业生产要素投入结构与要素替代关系等的影响。研究发现：①近十年来我国农业生产要素投入结构发生了重大变化，农业从业人员不断下降，农业机械数量、化肥使用量均保持稳定增长，尤其是农用大中型机械数增长迅速。农业生产要素利用方式也发生了重大变化，农业生产结构发生了显著变化，劳动密集度较低的大田粮食作物生产面积增长迅速，其中玉米生产面积增长最为明显；农业劳动用工价格快速增长，主要农产品生产的劳动投入数量均呈现持续下降的趋势，而雇工数量并没有相应地增长，甚至出现一定程度的下降；农业生产中的物质与服务费用增长迅速，其中机械作业费用增长最为明显，农机服务的外包、专业化趋势增强；土地成本出现了快速增长，但从土地成本的两部分构成来看，自营地折租增长较快，流转土地租金增长非常缓慢，而且数值非常低，这说明农村土地流转程度与规模仍相对较小。②随着农村劳动力流动规模扩大，农村劳动力流动对粮食生产的影响远远超过了刘易斯的无限供给阶段；劳动、耕地、机械、化肥的产出弹性大于零，其中劳动对粮食生产的作用程度最大；从耕地、劳动、机械、化肥四大要素的替代弹性变动来看，耕地与劳动的替代弹性较大，机械、化肥与劳动的替代弹性均较小，而且这样的特征出现增强的趋势。③农村劳动力流动对农业生产要素关系变动产生了重要影响，但农村劳动力不同流动方式的影响差异较大。农村人口迁移变量对耕地与劳动替代弹性、机械与劳动替代弹性产生了显著影响，而非农就业变量对机械与劳动替代弹性、化肥与劳动替代弹性产生了显著影响。综合来看，农村劳动力流动对我国农业生产要素配置结构产生了重要影响，对农业劳动投入产生了显著的负向影响，促进了耕地、机械与化肥对劳动的替代。最后，结合我国农业生产发展状况、农业生产结构与农业生产要素利用方式等因素，本章分析了农村劳动力流动对农业生产要素关系影响的内在机理。

第7章 农村劳动力流动对农业
生产效率的影响分析

在我国农业资源刚性约束、农村劳动力数量锐减的情况下，我国农业持续增长的根源在于农业技术进步。通过前文的分析，我们可以发现随着农村劳动力流动性增强，农业生产要素结构发生了显著变化，耕地、劳动、机械、化肥等要素间的关系也发生了重要变动，农村劳动力流动对农业生产要素投入及要素关系的影响也日益凸显。由此产生的问题是：我国农业生产要素结构变动的经济效应如何，尤其是农村劳动力流动引起的农业生产要素结构变动是否促进了农业技术进步，以及如何对农业技术进步产生影响。为此，本章将综合运用非参数Malmquist 指数方法估计农业技术进步变动，并试图分析促进技术进步的主要因素，进而分析农村劳动力流动对农业生产效率的影响。

7.1 研究框架

农业技术进步是中国农业发展的主要动力，是提高农业生产效率的关键因素。在我国人多地少的现状背景下，农业发展思路是非常明确的，即不断加快农业技术进步步伐，提高农业生产效率和农业产量。生产率是衡量每单位投入产出能力的指标，不仅能够综合反映要素使用效率，也能够反映各种生产要素使用效率的全要素生产率（通常简写为 TFP）。自实行农村经济改革以来，作为农业发展根本因素的生产率更是备受研究者关注。

在劳动力流动规模持续扩大的背景下，农业生产实现持续增长的可能原因之一是农业技术进步。若农业生产能够快速实现技术进步，农业生产效率、单产水平可能提高较快，以弥补劳动力外流产生的负向影响。当然，劳动力流动因素也可能影响农业生产效率、技术进步。农村劳动力流动对农业技术进步、生产效率提升的影响是复杂的，既可能影响停留在农村的农民的技术与装备采用行为，进而影响农业的生产效率（Oberai and Singh，1982；Nichols，2004；Yilma et al.，2008；Rozelle et al.，1999；Mendola，2008），也可能影响农业生产方式与管理能力方式的变化（Mochebelele and Winter Nelson，2000；Azam and Gubert，2005；李谷成等，2008；Wouterse，2008）。若考虑我国农村土地的流转性，农村劳动力流动也必然使得农业生产规模发生变化，进而影响农业生产的规模效应。当然，农业生产效率的变动也可能受到其他一系列因素的影响。

从农业技术进步来源的角度来说，农业生产效率提高包括农业技术水平改进、农业技术效率、规模效应，我们分别从这三个方面分析农村劳动力流动对农业技术进步可能产生的影响及影响方向。首先，从技术效率角度来看，农村劳动力流动对农业技术效率的不利影响已经得到众多研究的肯定，农村劳动力流动不仅导致农业劳动投入减少，而且也可能导致农业从业人员的素质出现一定下降。劳动投入数量下降，导致技术利用程度受到影响。虽然转移出来的农民未必是最会种地的农民，但是有效劳动（如果考虑到转移出去或外出务工的农民主要为青壮年劳动力）投入下降会制约技术效率的发挥，从而使得农村劳动力流动对农业技术效率产生不利影响（Mochebelele and Winter Nelson，2000；Azam and Gubert，2005；钟甫宁，2010）。

其次，就农村劳动力流动对规模效应影响来看，我们主要关心农村劳动力流动对农业生产规模效率的影响。实际上从很多研究可以看出，我国农业生产规模效应受到的约束是很强的，但是当农业生产方式发生较大变动的时候（如我国目前的劳动投入快速下降、机械化程度快速提高的情况下），并且农业生产经营方式逐渐由传统的"精工细作"式向粗放型转变时，即使不考虑各自适度规模的差异，只要农业其他生产要素尤其是土地要素市场发展不完全，那么农业生产的规模效应也将受到极大约束。由此可见，农村劳动力流动对农业生产的规模效应的提高并不有利。

最后，我们来分析农村劳动力对农业技术水平改进的影响，包括农业新品种新技术应用等。从农民对新品种新技术的采用行为角度来说，农民经济条件改善能够提高农民对各种风险的承受能力，可能促进农民对新技术的采用，但是农业收入份额下降可能降低农民对农业生产进行调整的动力，从而降低农业技术的改进速度，这对于兼业型的农民来说表现得比较明显。对于农村人口迁移的影响来说，我们需要考虑农业生产规模扩大对农业技术改进的影响，从农民经济动因来说，生产规模扩大无疑对农业技术改进是有利的。从农业新品种推广角度来说，农业生产结构调整也可以理解为新品种生产面积的增长，那么，生产结构调整产生的结构调节效应可以归纳为农业技术改进，这样农村劳动力流动尤其是农村人口迁移对农业技术改进可能产生较大影响。由此可见，农村劳动力流动对农业技术进步将产生重要影响，但是农村劳动力不同流动方式的影响存在较大差异，这需要在后面的实证分析中进行印证。

7.2 农村劳动力流动背景下的农业要素产出率变动

为与前文的分析保持一致，本章也着重从三大谷物角度，考察农村劳动力流动背景下农业主要要素产出率变动情况。另外，本章主要从单要素产出效率角度进行展开分析，综合分析利用效率分析方法展开研究。由于农业生产单要素产出率主要反映粮食产量与某一要素使用数量的比值，所以该指标在测度产出率的时候难以避免其他相关要素的影响，但是该指标是最直观地反映某一要素对生产贡献的指标。为此，我们分别测度了耕地产出率、劳动产出率、机械产出率、化肥产出率指标，分别采用了农产品总产量/耕地面积、每亩产量/每亩用工量、每亩产量/每亩机械投入数量、每亩产量/每亩化肥使用数量等单位。

根据第 6 章的分析可知，近十年来我国农业生产要素投入结构发生了重大变化，农业从业人员不断下降，农业机械数量、化肥使用量均保持稳定增长，尤其是农用大中型机械数增长迅速。从农业要素的产出率变动来看，不同要素的产出率差异较大，劳动与种子产出率出现了相对稳定的增长趋势，而机械与化肥产出率出现了一定的下降。

7.2.1 耕地产出率

耕地产出率也就是通常所说的单产，该指标综合反映了农业生产投入、农业新品种新技术的应用、农业综合生产效率等状况。改革开放以来，我国粮食单产保持着持续稳定的增长，1978 ~ 2010 年，三大粮食作物每亩产量从 1978 年的 221 千克/亩持续增长到 2010 年的 424

千克/亩，增长了近 1 倍，单产水平的增长已经成为推动我国谷物生产乃至粮食生产增产的最主要动力。从每亩要素投入来看，农业劳动投入数量、种子使用数量持续下降，化肥使用数量增长速度逐渐放缓的情况下，粮食单产水平提高的根源在于农业技术进步，尤其是新品种的开发与推广以及农业生产结构的不断调整。

7.2.2　劳动产出率

从劳动产出率的变动来看，随着每亩劳动用工数量的快速下降，劳动产出率出现了显著的增长。若从农业生产的单位劳动投入与获得的产出角度来看，改革开放以来，劳动的产出率一直保持稳定的增长，尤其是 2004 年以来，随着每亩用工数量的快速下降，劳动产出率出现了快速增长，从 2003 年的 40 千克/工作日持续增长到 2010 年的 61 千克/工作日，增长了约 50%。若从同期每亩用工数量的变动来看，每亩用工数量从 2003 年的 11 个工作日下降到 2010 年 7 个工作日，每亩用工数量下降的幅度显著低于产出率增长幅度。从经济学角度来看，在农业劳动数量下降的情况下，劳动产出率的提高可能存在两方面原因：一是其他要素对劳动的替代，如机械、化肥、种子等投入的增加以抵消劳动下降的不利影响；二是农业技术进步的作用。从同期的物质与服务费用、化肥、种子等投入数量的变动来看，除物质与服务费用增长较快外，其他要素增长并不显著，考虑到物质与服务费用的增加可以说是对劳动下降的替代，但是替代效应与产出效应较弱，可见劳动产出率增长的最可能原因在于农业技术进步。

7.2.3　机械与化肥产出率

机械与化肥是农业生产中最重要的物质资本投入，二者的变动可以初步反映物质资本的产出效率。由于缺少每亩机械使用数量指标，只能获取机械等租赁作业费用，所以机械投入采用每亩租赁作业费表示，并采用机械化农具指数进行缩减。随着我国农业生产中机械与化肥使用数量的增长，尤其是机械数量的快速增长，机械与化肥的产出率并未相应增长，甚至出现了一定下降。从经济学角度来看，这可能主要是由于机械与化肥投入的边际递减规律作用的结果，若从农业增长来看，依赖物质资本增长推动农业增产已经难以为继了。

7.2.4　种子产出率

从种子产出率来看，改革开放以来，种子产出率的增长非常惊人。20 世纪 90 年代以来，我国三大粮食作物每亩种子使用数量基本处于下降状态，每亩种子用量从 1991 年的 8.31 千克/亩下降到 2010 年的 6.61 千克/亩。虽然每亩种子用量显著下降，但是同期的单产水平增长

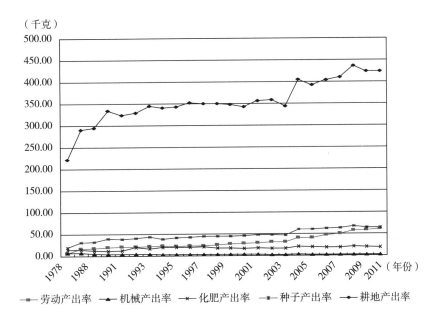

图 7-1　1978~2010 年主要农业要素的产出率变动

迅速，每千克种子产出率也保持着快速增长，每千克种子的产出率从1991 年的 38.98% 持续增长到 2010 年的 64% 以上。种子使用数量下降与种子产出率的增长共同反映了农业技术进步对农业生产的影响，尤其是农业新品种开发与推广的作用。

7.3 我国农业生产效率测度

7.3.1 生产效率测度方法

在对全要素生产率研究的基础上测算生产率。已有研究大都采用生产函数方法、非参数方法等进行测度，或者是利用这两种方法进行综合测算。Malmquist 生产率指数测算方法首先由 Malmquist（1953）提出，并被众多研究者进行了创新发展（Caves，Christensen and Diewert，1982；Fare and Grosskopf，1992；Fare，Grosskopf，Lindgren and Roos，1989，1994；Fare，Grosskopf and Russell，1998；Thrall，2000；等等）。基于非参数的 Malmquist 测算方法主要具有三大优点：①对价格信息要求较低；②该方法适用于对多个样本的跨时期数据进行分析；③该方法可以进一步分解全要素生产率，可将其分解为技术进步变化指数与技术效率变化指数。

1. 距离函数

基于非参数的 Malmquist 生产率指数测算方法首先需要利用距离函数。距离函数又可以分为产出角度的距离函数与投入角度的距离函数。

（1）产出角度的距离函数。关于产出角度的距离函数的定义，可以表述为：设 S 代表产出集 $P(x)$，它包括了所有产出的向量，$P(x) = \{y: x$ 可以生产 $y\}$。对于任何投入 x，$P(x)$ 满足 $0 \in P(x)$；$P(x)$ 也满足产出可控性、投入可控性、凸性假定。

由此，产出角度的距离函数可以为：$d_0(x, y) = \min\{\delta: (y/\delta) \in P(x)\}$。

此距离函数具有如下特点：$d_0(x, y)$ 是 y 的非递减函数、线性齐次函数，x 的递增函数。如果 y 属于生产可能性集的 x，那么有 $d_0(x, y) \leq 1$。如果 y 处于生产可能性集的最前沿，那么就有距离函数等于 1。

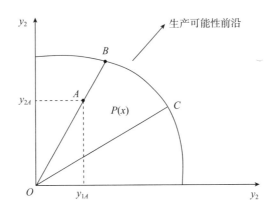

图 7-2 产出距离函数和生产可能性集

可以图 7-2 来说明产出距离函数，设投入要素为 x，产出为 y_1、y_2，那么 A 点的距离函数可以定义为 $\delta = \dfrac{OA}{OB}$，由于 B、C 都处在生产前沿面上，所以这两点的距离函数值均为 1。

（2）投入角度的距离函数。关于投入角度的距离函数定义，主要衡量投入缩放的最大比例，其是以投入集 $L(y)$ 为基础来进行定义的，它代表了所有投入的集合，可以表示为 $L(y) = \{x: x$ 可以生产 $y\}$。投入角度距离函数满足：是 x 的非递减、线性齐次的函数，y 的递增函数等假定。如果 x 属于生产投入集合，那么就有 $d_i(x, y) \geqslant 1$，当 x 处于生产前沿面，那么就有距离函数等于 1。

显然，投入角度的距离函数也可以用图例表示距离函数。若有两种投入要素 x_1 与 x_2 共同来生产 y，那么 A 点的距离函数可以理解为使用 x_{1A} 的投入 1、x_{2A} 的投入 2 能够生产产出 y，则投入角度的距离函数等于 $\rho = OA/OB$。

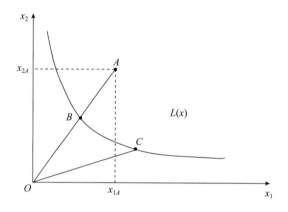

图 7 – 3　投入角度的距离函数和投入需求集

由产出和投入距离函数可知，如果由 $y \in P(x)$，且 $x \in L(y)$，则当且仅当 $d_0(x, y) \leqslant 1$ 时，$d_i(x, y) \geqslant 1$。在生产技术是规模报酬不变的时候，就有 $d_0(x, y) = 1/d_1(x, y)$。

2. Malmquist 指数

Malmquist 指数方法是一种非参数的测算生产率的方法，可用于测量多投入多产出的全要素生产率变化。设有由 m 维投入向量空间 R_m、k 维产出向量空间 R_k 所构成的生产空间为 $R_m \times R_k$，则在该空间的基础上，Shephard（1970）给出了距离函数定义为：

$$D(X, Y) = \inf\{\theta: (X, Y/\theta) \in T, X \in R^m, Y \in R^k, \theta \geq 0\}$$
$$= [\sup\{\alpha: (X, \alpha Y) \in T, X \in R^m, Y \in R^k, \alpha \geq 0\}]^{-1}$$

$$(7-1)$$

其中，T 为一定技术所对应的生产可能集：$T = \{(X, Y): X$ 能够生产出 $Y\}$，α、θ 为标量。用 (X_t, Y_t) 和 (X_{t+1}, Y_{t+1}) 表示时期 t、$t+1$ 的投入与产出向量。$D^t(X_t, Y_t)$、$D^t(X_{t+1}, Y_{t+1})$ 分别表示以时期 t 的技术 T_t 为参照，时期 t 和时期 $t+1$ 生产的相应距离函数。那么，以时期 t 的技术 T_t 为参照的 Malmquist 数量指数可以定义为：

$$M^t(X_t, Y_t, X_{t+1}, Y_{t+1}) = \frac{D^t(X_{t+1}, Y_{t+1})}{D^t(X_t, Y_t)} \qquad (7-2)$$

类似地以时期 $t+1$ 的技术 T_{t+1} 作参照，构造 Malmquist 数量指数为：

$$M^{t+1}(X_t, Y_t, X_{t+1}, Y_{t+1}) = \frac{D^{t+1}(X_{t+1}, Y_{t+1})}{D^{t+1}(X_t, Y_t)} \qquad (7-3)$$

当时期 t 到时期 $t+1$ 发生技术进步时，有 $M^t(X_t, Y_t, X_{t+1}, Y_{t+1})$ >1 和 $M^{t+1}(X_t, Y_t, X_{t+1}, Y_{t+1}) > 1$。根据 Fisher 理想指数的构造方法的启示，Caves、Christensen 和 Diewert（1982）使用式（7-2）、式（7-3）的几何平均值，即式（7-4）作为衡量全要素生产率变化的 Malmquist 指数水平。当该指数大于 1 时，就表示全要素生产率是增长的，即

$$M^{t+1} = \left[\frac{D^t(X_{t+1}, Y_{t+1})}{D^t(X_t, Y_t)} \times \frac{D^{t+1}(X_{t+1}, Y_{t+1})}{D^{t+1}(X_t, Y_t)}\right]^{\frac{1}{2}}$$

$$= \left[\frac{D^t(X_{t+1}, Y_{t+1})}{D^{t+1}(X_{t+1}, Y_{t+1})} \times \frac{D^t(X_t, Y_t)}{D^{t+1}(X_t, Y_t)}\right]^{\frac{1}{2}} \times \frac{D^{t+1}(X_{t+1}, Y_{t+1})}{D^t(X_t, Y_t)}$$

$$= TP \times EC \qquad (7-4)$$

由此可得，全要素生产率的增长率为 $M^{t+1} - 1$。全要素生产率可以分解为技术变动指数（TP）、技术效率变化指数（EC），技术效率变

化指数（EC）还可以进一步分解为纯技术效率指数（PC）、规模效率指数（SC）①。

7.3.2　变量与数据说明

与第 6 章一致，本章使用数据主要来源于《全国农产品成本收益资料汇编》《中国统计年鉴》（2002～2011 年）与中经网统计数据库等。本章的产出数据采用的是各地区各年份的粮食产量，被解释变量采用各省份的粮食产量数据，投入数据中包括了粮食播种面积、劳动投入、农业机械投入、化肥投入四大要素。关于粮食范畴的界定国内外存在较大差异，国际通常界定的粮食是我国的谷物概念，与前文一致，本书所涉及的粮食主要指谷物概念所包括的相关作物。由于缺少粮食生产的从业人员、机械投入、化肥使用量等数据，所以本章首先根据《农产品成本收益资料汇编》分别查找出粮食作物每亩用工数量、化肥使用量、机械租赁费用，然后从《中国农村统计年鉴》中获得每一种作物的生产面积，然后将每一种作物单位要素投入与生产面积相乘，最后加总获得粮食生产的用工总量、化肥投入总量与机械费用支出总量，并采用农机价格指数对机械费用支出总量进行缩减得到机械投入的实际使用数量，这样我们就得到了粮食生产的实际劳动投入数量、化肥使用数量、机械使用数量与播种面积等变量数据。此外，由于 2006 年化肥使用量、第一产业从业人员数据缺失，本书分别采用各自指标 2005 年与 2007 年数据的平均值代替。

与前文说明一致，本书样本是中国大陆地区的省级数据，由于西藏数据缺失，所以没有包括西藏。本书的时间范围为 2001～2010 年，数据主要来源于《中国统计年鉴》（2002～2011 年）与中经网统计数

---

① 具体分解过程可以参考 Fare、Grosskopf、Norris 和 Zhang（1994），此处从略。

据库等。

7.3.3 我国农业生产效率变动

1. 我国农业生产效率变动状况

本书使用 Coelli（1996）开发的分析软件 DEAP，计算了 2001 ~ 2010 年我国农业生产率逐年的 Malmquist 指数。表 7 - 1 给出了我国农业生产率 Malmquist 指数及其分解结果。

结果显示，2001 ~ 2010 年我国粮食生产率的平均增长率为 3.4%，与大多数已有研究对中国农业生产率的估计结果相比，本书的估计结果要略低一些，当然，除采用数据口径不同外，也可能与研究的时间范围有一定关系。对农业技术进步分析后可以发现，我国生产率增长主要是由技术变动引起的，2001 ~ 2010 年技术变动指数平均增长率为 3.1%，而技术效率变动平均指数仅为 1.003，技术效率指数平均增长率仅为 0.3%，可见这十年间的技术效率改进较为缓慢，进一步分解发现纯技术效率增长率甚至为负向，规模效率指数为正，说明我国粮食生产的纯技术效率实际上出现了一定的下降，但开始出现一定的规模效应。

从各指数变化趋势和全要素生产率变动来看，农业技术进步年际波动较大，2007 年与 2010 年 Malmquist 生产率指数增长较快，增长率均超过了 10%；从技术变动指数来看，2001 年以来技术变动指数基本保持良好的增长趋势，其中 2007 年、2008 年与 2010 年技术变动指数增长率均超过了 10%，技术水平提高逐渐成为推动农业生产技术进步的最重要力量；从技术效率指数变动来看，2001 年以来我国农业生产技术效率指数总体增长不明显，但自 2004 年以来，技术效率变动指数出现不同程度的提高。

表 7 - 1　2001 ~ 2010 年我国农业技术进步变动

项目 年份	Malmquist 生产率指数	技术变动指数 （TP）	技术效率变动指数 （EC）	纯技术效率变动指数 （PC）	规模效率变动指数 （SC）
2001	—	—	—	—	—
2002	1. 087	1. 096	0. 991	0. 989	1. 002
2003	0. 881	0. 780	1. 131	1. 052	1. 074
2004	1. 025	1. 058	0. 969	0. 978	0. 991
2005	1. 004	0. 978	1. 027	1. 008	1. 018
2006	1. 000	1. 048	0. 954	1. 007	0. 948
2007	1. 176	1. 136	1. 035	1. 006	1. 029
2008	1. 028	1. 136	0. 906	0. 961	0. 942
2009	1. 006	0. 989	1. 018	1. 039	0. 980
2010	1. 125	1. 112	1. 012	0. 951	1. 065
平均	1. 034	1. 031	1. 003	0. 998	1. 004

注：由于本研究使用的数据为 2001 ~ 2010 年的数据，在进行生产效率分析时，以 2001 年作为起始年，故无法计算距离函数，所以不能显示 2001 年的生产效率结果，采用"—"标注说明。

就技术效率分解可以进一步发现，农业生产的纯技术效率变动指数改善相对缓慢，而规模效率变动逐渐凸显出来。为什么我国农业生产中的规模效率会出现增长呢？这可能还要归根于农业生产要素重新配置的结果，尤其是耕地、劳动资源的重新配置。在农业劳动力投入数量持续下降的情况下，随着劳动力边际报酬的增长，若劳动力下降带来土地的重新分配，则可能出现规模报酬的情况。这实际上对应着生产主体与耕地使用结构的配置过程，初始情况：两个农民，1 个全职农民经营 1 单位面积土地，1 个兼职农民经营 1 单位面积土地。调整后的状态：1 个全职农民经营 2 单位面积土地。在这样的情况下，出现规模报酬就不稀奇了。这意味着，农村人口外迁对规模报酬是有促进作用的，而以非农就业的兼业性流动方式对规模报酬的影响较小。

分析结果表明，近年来技术水平提高是推动农业技术进步的主要力量，今后要保持我国农业生产率的持续增长，一方面要不断提高技术进步水平，另一方面要进一步挖掘技术效率的提高空间。

2. 我国农业生产效率变动的地区差异

从各地区农业生产率 Malmquist 指数的变动来看，绝大多数地区农业生产率水平与基期年相比都有不同程度的提高。2001～2010 年，除辽宁、福建、广东、海南、湖北、重庆、贵州、云南的 Malmquist 生产率指数略低于 1 外，其他省份的 Malmquist 生产率指数均大于 1，这说明我国农业技术进步具有地区一致性。从 Malmquist 生产率指数分解指标来看，总体来说，我国农业技术水平提高对农业生产的贡献比较突出，但是各地区农业技术进步的来源差异较大，而技术效率增长缓慢。

从三大地区农业生产效率的差异来看，东部、中部、西部三大地区农业技术进步差异明显，东部地区农业技术进步最快，西部地区次之，中部地区最低。从全要素生产率差异来看，东部地区 Malmquist 生产率指数增长率为 5.1%，其中北京、天津增长非常突出；中部地区 Malmquist 生产率指数为 1.040，平均增长率为 4.1%，其中黑龙江农业技术进步增长速度较快，达到 7.1%；西部地区 Malmquist 生产率指数增长率仅为 1.8%，其中内蒙古、青海、四川、新疆的农业技术进步速度反而增长比较快。

通过 Malmquist 生产率指数分解，我们可以发现农业技术进步地区差异的原因。东部地区农业技术进步增长速度较快主要是由于农业技术变动引起的，东部地区技术变动指数（TP）平均增长率达到 5.4%，而技术效率指数却出现下降现象。而从中部地区来看，中部地区农业技术进步是由技术变动和效率提高共同引起的，其中中部地区技术变动指数（TP）平均增长率与技术效率变动指数（EC）增长率分别为 2.4% 和 1.5%；不过西部地区农业技术进步较慢，而且主要是由技术变动引起的，技术变动指数与技术效率指数的增长率分别为 1.7%、0.1%。

就技术效率分解的地区差异来看，东部地区技术效率指数下降主要是由于纯技术效率下降引起的，而规模效率指数甚至出现一定程度的增长；中部地区纯技术效率与规模效率均出现了一定增长，尤其是规模效率指数增长明显，二者共同作用推动了技术效率的提高；西部地区技术效率的缓慢增长主要是由纯技术效率提高引起的，而规模效率有限。综合来看，研究结果与张宁、陆文聪（2006）等研究结果具有较强的一致性。

表7－2　三大地区农业技术进步差异

地区	项目	Malmquist生产率指数	技术变动指数（TP）	技术效率变动指数（EC）	纯技术效率变动指数（PC）	规模效率变动指数（SC）
东部地区	北京	1.290	1.325	0.974	0.974	0.999
	天津	1.178	1.186	0.993	0.991	1.002
	河北	1.047	1.027	1.020	0.998	1.022
	辽宁	0.977	0.996	0.981	0.986	0.995
	上海	1.044	1.044	1.000	1.000	1.000
	江苏	1.022	1.008	1.014	1.000	1.014
东部地区	浙江	1.004	1.013	0.992	0.994	0.997
	福建	0.987	0.996	0.991	0.993	0.998
	山东	1.035	1.007	1.027	1.000	1.027
	广东	0.989	0.998	0.991	0.985	1.007
	海南	0.988	0.996	0.992	0.994	0.998
	平均	1.051	1.054	0.998	0.992	1.005
中部地区	山西	1.044	1.034	1.009	1.002	1.007
	吉林	1.041	1.015	1.025	1.012	1.013
	黑龙江	1.071	1.055	1.015	1.000	1.015
	安徽	1.034	1.018	1.016	0.999	1.017
	江西	1.055	1.026	1.029	1.024	1.005
	河南	1.049	1.019	1.029	1.000	1.029
	湖北	0.994	1.003	0.991	0.988	1.003
	湖南	1.028	1.025	1.003	1.000	1.003
	平均	1.040	1.024	1.015	1.003	1.012

续表

地区	项目	Malmquist 生产率指数	技术变动指数 (TP)	技术效率变动 指数 (EC)	纯技术效率变动 指数 (PC)	规模效率变动 指数 (SC)
西部地区	内蒙古	1.050	1.061	0.989	0.995	0.994
	广西	1.011	1.005	1.006	1.000	1.006
	重庆	0.983	1.007	0.976	1.000	0.976
	四川	1.013	1.030	0.983	1.000	0.983
	贵州	0.976	0.996	0.980	0.980	1.000
	云南	0.941	0.986	0.954	0.966	0.987
	陕西	1.020	0.994	1.027	1.007	1.020
	甘肃	1.055	1.016	1.038	1.026	1.011
	青海	1.056	1.056	1.000	1.000	1.000
	宁夏	1.040	1.013	1.027	1.028	0.999
	新疆	1.049	1.025	1.023	1.013	1.010
	平均	1.018	1.017	1.001	1.001	0.999

注：东部地区包括北京、天津、河北、辽宁、上海、江苏、浙江、福建、山东、广东、海南，中部地区包括黑龙江、吉林、山西、安徽、江西、河南、湖北、湖南，西部地区包括四川、重庆、贵州、云南、陕西、甘肃、青海、宁夏、新疆、广西、内蒙古。

7.4 计量检验及结果分析

7.4.1 计量模型与数据说明

从生产效率的决定角度来看，农业生产效率是外部经济制度环境及经济基础条件改变、内部农业制度及技术条件改善的结果。总体来看，影响农业生产效率及技术进步的外部条件包括地区经济发展水平、市场化改革进程、经济开放程度等，地区经济发展水平对农业生产技术选择具有基础性保障作用，地区经济发展阶段也决定着农业生产技术进步的速度；市场化改革进程决定着市场力量在农业生产资源配置中的作用；经济开放程度影响着地区参与国际、国内生产分工的程度，从而影响着专业化进程、生产效率。影响农业生产效率及技术进步的内部因素包括农村要素市场发展状况尤其是农村劳动力资源流动性、农业生产条件、农业生产规模等，农村要素市场发展状况直接影响着农业生产要素的优化配置程度，从而影响着生产效率改善及技术进步速度；农业生产规模影响者农业技术的边际产出，从而也可能对农业生产效率及技术进步产生影响。当然，气候环境对农业产出具有极强的干扰性，从而对农业生产效率产生影响。因此，本书采用的实证分析模型如下：

$$GPE_{it} = \gamma_0 + \gamma_1 RLT_{it} + \gamma_2 ED_{it} + \gamma_3 MAR_{it} + \gamma_4 EO_{it} + \gamma_5 PS_{it} + \gamma_6 ND_{it} + \xi$$

$$(7-5)$$

式中，GPE 表示被解释变量，包括三个层面的变量：农业生产全要素生产率变量、技术效率与技术变动变量、纯技术效率与规模效率变量；γ 表示待估参数；ξ 表示随机扰动项。解释变量主要包括：

（1）农村劳动力流动（RLT），包括农村人口转移、农村劳动力非农就业两个变量，分别采用各地区城镇人口比例（NAR）、农村居民家庭纯收入中工资性收入比例（WR）表示。

（2）地区经济发展水平（ED），采用各地区人均 GDP 表示。地区经济发展水平不同，政府对农业生产的支持力度也存在差异，这可能导致农业生产的基础条件差异较大，从而使得农业生产效率出现差异。

（3）市场化程度（MAR），参照沈坤荣、余吉祥（2011）的做法，为反映各地区各年的市场化发育水平，采用城镇私营企业从业人员占城镇单位全部从业人员的比例表示。从理论上来看，市场化能够提高农业生产资源配置效率，从而促进农业生产效率改进，但考虑到农业生产效益较低的特性，市场化可能导致技术进步速度较慢。

（4）经济开放度（EO），采用各地区进出口总额与 GDP 的比例表示，通常来说市场开放能够促进农业生产要素配置，推进农业生产效率改进，但对于农业生产技术进步速度的影响具有不确定性。

（5）生产规模（PS），采用各地区人均耕地面积表示。众多学者研究发现，农业生产规模对农业生产技术发展具有重要影响，不同生产规模将导致农业生产要素投入的边际产出存在较大差异，从而影响农业生产效率差异。因此，本书加入农业生产规模变量，以考察粮食生产技术进步及生产效率变动是否受到生产规模的影响，尤其是考察农业生产的规模效应。

（6）自然灾害（ND），采用各地区受灾面积与农作物总播种面积的比重表示，以反映自然灾害对农业生产的影响，粮食生产具有极强的自然属性，受到自然灾害的影响极大，自然灾害将导致较大的农业生产波动，从而影响农业生产效率。

7.4.2　计量检验

考虑到农村劳动力流动对农业生产效率的影响存在系统性、结构性等特征，为系统分析农村劳动力流动对我国农业生产效率产生的影响，本书采用似不相关回归系统分析农村劳动力流动对农业生产全要素生产率、技术变动指数、技术效率指数、纯技术效率、规模效率的影响。根据前文的变量、样本及数据，结合农业生产效率估计及测算结果，利用 30 个省份的数据对模型（7-5）进行估计，结果详见表 7-3 中的模型估计结果，分别表示为 M_1、M_2、M_3、M_4、M_5，这 5 个模型估计结果分别对应着被解释变量为 Malmquist 生产率指数、技术变动指数（TP）、技术效率变动指数（EC）、纯技术效率变动指数（PC）、规模效率变动指数（SC）。结果显示，关于生产全要素生产率、技术变动指数的计量检验模型的统计显著性较高，而其他 3 个模型的整体显著性均较低。

从表 7-3 的计量检验结果我们可以看出：农村劳动力流动变量对农业生产效率产生了重要影响，农村劳动力流动主要通过农业技术变动对农业技术进步产生影响，但不同变量的影响程度差异较大，农村人口迁移对农业技术进步具有一定促进作用，而非农就业与农业技术进步却呈现一定的负向关系。模型结果显示，农村人口转移变量对农业全要素生产率、技术变动指数、技术效率等均产生了正向影响，其中对农业全要素生产率、技术变动指数的影响均在 10% 水平显著。而非农业就业变量对农业全要素生产率、技术变动指数、技术效率等均产生了负向影响，其中对农业全要素生产率、技术变动指数的影响均在 10% 水平显著。

地区经济发展水平对农业生产效率的提高产生了双重影响，地区经济发展水平的提高对全要素生产率与农业技术变动指数均产生了显著影响。模型 M_1 的结果显示，地区经济发展水平对全要素生产率产生显著的正向影响，且在 10% 水平显著。而模型 M_2 的结果显示，地区经济发展水平对农业技术变动指数产生显著的正向影响，且在 10% 水平显著。而对其他技术效率指数影响较弱，且不显著。地区经济条件差异将导致农业发展支持力度的差异，进而对农业技术改进产生影响。

从地区经济制度环境变量的影响来看，地区经济开放对农业生产效率的影响相对较弱。经济开放能够提高地区间农业生产专业化程度、促进农业生产效率提高，从而对农业技术进步产生正向作用，但均不显著。但是市场化程度变量对全要素生产率、技术变动、技术效率均产生负向影响，且对全要素生产率、技术变动指数均产生显著影响，这可能是由于市场化在一定程度上增加了农产品销售的风险，同时也凸显了农业比较效益低下的特点，从而导致农业技术改进动力不足。

从农户层面来看，结果显示农户经济条件变量对农业技术进步的影响并不显著，结果不支持经济条件越好、技术改进动力越强的结论，可能恰好相反，这说明我国农业生产中的"资金回流"机制可能比较弱。非农就业的收入，可能更多用于消费，小部分用于农业生产要素的物化资本的购买，或者仅局限在简单设备、机械的购置，所以农业技术的提高，更需要政府的投资与政策支持。

农业生产规模对农业生产技术发展具有重要影响，不同生产规模将导致农业生产要素投入的边际产出存在较大差异，从而影响农业生产效率的差异。结果显示，我国农业生产规模提高对农业技术进步的影响主要是通过促进技术水平提高来实现的。以各地区人均耕地面积表示的生产规模变量对农业要素结构变动指数、技术效率指数、规模效率指数均产生了正向影响，其中对技术变动指数的影响在1%水平显著，从而使得生产规模变量对农业生产全要素生产率产生了显著的正向影响。与其他研究一致，气候环境对我国农业生产具有重要影响，自然灾害加大了农业生产的自然风险，对我国农业生产产生了极大冲击，从而影响了农业技术进步的速度。

7.4.3 结果分析

综合农业生产要素产出率变动与农业生产效率的 Malmquist 指数变动结果来看，我国农业技术进步具有较强的技术改进型特征，农业生产率增长主要是由于技术变动引起的，而技术效率相对较低、增长缓慢。2001~2010年，我国粮食生产率指数增长率为3.4%，其中技术变动指数增长率为3.1%，而技术效率变动平均指数仅为1.003。结果说明，我国当前的农业技术进步与主要农业要素产出率的提高主要是由于农业技术变动引起的，尤其是新品种的开发与推广与农业生产结构的调整，如增加粮食作物生产来减少油料等作物生产等。当然，若从农户角度来说，生产结构调整实际上也反映了农业技术的变动,当其选择扩大某种作物生产面积而减少另外一种作物生产面积时,尤其是增加某种高产作物生产而减少低产作物生产时,如增加玉米而减少大豆生产时,对玉米生产来说,农民的选择行为必然促进了玉米生产的发展,进而表现为总体粮食单产的提高与农业技术的进步。因此,我国农业技术水平不断提高产生的根源既在于农业新品种不断地开发与推广,也在于农业生产结构调整产生的农业生产结构调节效应。

就农村劳动力流动对农业技术进步的影响来看,农村劳动力流动变量对农业生产效率产生了重要影响,农村劳动力流动促进了技术改进型的农业技术进步,而对农业技术效率、规模效益影响较弱,但不同变量影响程度差异较大,农村人口迁移对农业技术进步具有一定促进作用,而非农就业与农业技术进步却呈现一定的负向关系。从计量结果来看,我们可以得出两方面重要结论:一是就农村劳动力流动的影响途径来看,农村劳动力流动对农业技术变动产生了较强的影响,从而使得农业技术进步;二是就农村劳动力不同流动方式对农业生产的影响效果来看,农村人口迁移对农业技术进步也具有一定促进作用,相比较而言,以外出务工为代表的兼业型农业生产方式对农业技术进步是不利的。

为什么农村人口迁移与非农就业对农业技术进步的影响出现了巨大差异呢?这还需要从我国农业技术进步产生的原因入手,我国农业技术进步具有显著的技术改进型特征。从村级层面来看,当农村人口向城镇迁移,那么留在农村人口的土地需要重新分配,这样必然引起农村土地资源配置结构发生变动,有利于农业生产规模扩大,有利于提高农业生产的经济收益激励效应,从而加快农业技术进步的步伐。从前文的分析可知,在农业生产结构调节效应与经济效应的作用下,农村劳动力流动促进了劳动密集度较低的粮食生产,促使粮食生产面积的增长尤其是高产、高效益的玉米等作物生产的发展,从而使得农

表 7-3　农村劳动力流动对农业生产效率影响的计量检验

项目 指标	M₁ (Malmquist 指数)		M₂ (TP)		M₃ (EC)		M₄ (PEC)		M₅ (SC)	
	系数	Z检验	系数	Z检验	系数	Z检验	系数	Z检验	系数	Z检验
人口转移	1.45847*	1.75	1.361921*	1.83	0.0180433	0.12	0.0649551	0.59	0.0430629	0.41
非农就业	-1.114409*	-1.67	-1.084451*	-1.91	-0.0338065	-0.36	-0.0268396	-0.4	-0.0006293	0.01
地区经济发展水平	0.0000266*	1.68	0.000027*	1.65	-1.71E-06	-0.9	-2.07E-06	-1.5	6.26E-07	0.47
经济开放度	0.1932191	0.67	0.1779787	0.62	0.0308175	0.93	0.0195508	0.81	0.0051257	0.22
市场化程度	-2.954497***	-2.6	-2.838445**	-2.51	-0.0627737	-0.48	-0.0116729	-0.12	-0.0527009	-0.58
农业生产条件	-0.0000872	-0.77	-0.0000883	-0.79	7.96E-06	0.61	8.55E-06	0.91	-1.57E-06	-0.17
生产规模	0.0757263*	1.83	0.0737997*	1.8	-0.0010021	-0.21	-0.000104	-0.03	-0.0010762	-0.33
自然灾害	-0.3379506	-0.84	-0.3342739	-0.83	-0.0275152	-0.59	0.0039817	0.12	-0.0289885	-0.9
常数项	1.397101***	2.87	1.398492***	2.89	1.030123***	18.43	0.9863914***	24.3	1.03977***	26.71
调整 R²	0.0855		0.0823		0.0108		0.0143		0.006	
chi2	25.14***		24.12***		2.94		3.91		1.62	
P	0.0015		0.0022		0.938		0.8654		0.9906	

注：*** 表示 1% 水平显著，** 表示 5% 水平显著，* 表示 10% 水平显著。

资料来源：《中国统计年鉴》，中经网经济统计数据。

村人口迁移对农业技术变动指数、农业技术进步产生正向影响。计量结果显示农业生产规模变量对农业技术变动具有显著的正向影响，这样农村人口迁移产生的农业生产规模扩大也将对农业技术改进具有一定促进作用。

与此相比，非农业就业通常具有兼业性特征，对于外出务工的农民来说，农业生产的经济激励效应非常低下，而其农地并未有效流转出去，这样非农就业可能促进了农业的粗放经营，农民对新品种、新技术采用动力、生产结构调整的动力均较小，从而对农业技术进步产生不利影响，这使得非农就业与农业技术变动指数、农业技术进步的Malmquist指数均呈现负相关关系，研究结论与Azam和Gubert（2005）等的研究基本一致。

本章小结

在我国农业资源刚性约束、农村劳动力锐减的情况下，我国农业持续增长的根源在于农业技术进步。本章围绕农村劳动力流动与农业技术进步变动关系展开研究，分别从单要素产出率与全要素生产率角度，测度了我国农业生产效率的变动，进而实证分析了农村劳动力流动对农业生产效益的影响及产生的机理。研究结果显示：①从单要素的产出率变动来看，不同要素的产出率差异较大，耕地产出率、劳动产出率与种子产出率出现了相对稳定的增长趋势，而机械与化肥产出率出现了一定的下降。②我国农业技术进步具有较强的技术改进型特征，农业生产率增长主要是由技术变动引起的，而技术效率相对较低、增长缓慢。2001～2010年，我国粮食生产率指数的平均增长率为3.4%，其中技术变动指数增长率为3.1%，而技术效率变动指数增长率仅为0.3%。③农村劳动力流动变量对农业生产效率产生了重要影响，农村劳动力流动促进了技术改进型的农业技术进步，而对农业技术效率、规模效益影响较弱，但不同变量的影响程度差异较大，农村人口迁移对农业技术进步具有一定促进作用，而非农就业与农业技术进步却呈现一定的负向关系。最后，结合我国农业发展状况、农业生产要素结构变动等因素，分析了不同农村劳动力流动方式对农业技术进步影响差异的原因。

第8章 研究结论与政策建议

8.1 研究结论

对于发展中国家农业的发展来说，始终不可回避的现实问题是经济发展过程中农村人口转移与农业生产稳定以及农产品产量增长的可持续性问题，对于人口众多的中国来说，这无疑具有极强的现实意义。虽然众多发展经济学的经典理论阐释了农村劳动力转移对农业生产可能产生的各种影响，但就中国的现实情况来看，农村劳动力流动伴随着较明显的要素与产品市场的改革过程，农业生产的决策环境可能发生较大的变化，由此需要进一步研究农村劳动力流动对农业生产的影响机理。为此，本书系统地研究了农村劳动力流动对农业生产的影响，探讨农村劳动力自由流动趋势下我国农业要素结构变动的规律，分析了我国农业生产要素配置的经济效应，进而探索了劳动力自由流动形势下提高农业生产效率、促进农业发展的措施。

第一，伴随着我国农村劳动力流动政策改革步伐的不断加快，农村劳动力流动程度显著提高，农产品产量、农业生产结构、农业生产条件与农业生产方式也发生了显著的变化。随着户籍制度改革进程的加快，农村人口迁移出现快速增长趋势，农村劳动力外出务工规模呈现波动上升现象，工资性收入逐渐成为农民重要的收入来源，农民就业行为将发生根本性改变。改革开放以来，我国农业生产条件不断改善，农业生产的规模化程度有较大幅度的提高，农业生产的机械化得到较快发展，农产品的生产能力得到显著提高，粮食单产量不断提高，粮食总产量实现了历史性的跨越。但是，就最近十年的情况来看，随着农村劳动力流动步伐加快，农业生产也出现了一些新的变化，农业生产机械总量的增长速度放缓，小型农机数量下降，但是大中型农机数量增长较快，主要农产品每亩机械租赁费用增加较快，这说明农民对机械的使用方式发生了较大改变；主要农作物每亩化肥投入出现放缓，部分农产品化肥投入甚至下降；虽然近年来主要农产品每亩收益有了较大改观，但是主要农产品每亩劳动投入数量出现了快速下降现象。总体来看，伴随城乡经济快速发展、劳动力自由流动步伐加快，农村劳动力流动对农业生产的影响也逐渐显现。

第二，农村劳动力流动对农产品的供给行为产生了显著的影响，但是农村劳动力不同流动方式的影响程度与影响路径存在较大差异。随着工业化、城市化进程加快，农村劳动力规模快速扩大，非农就业与人口迁移出现同比加快趋势，农村劳动力流动对农户农业生产决策环境产生了重要影响，对农产品产量的影响日益凸显。研究得出：①劳动力流动对农产品产量具有重要影响，但不同变量的影响差异较大，非农就业均对农业的生产具有显著负向影响，而人口迁移对农业生产反而产生了一定促进作用。就具体影响机制来看，非农就业提高了农民的生产投入能力，对农产品平均产量具有一定正向作用，但对农产品播种面积产生了负向影响，从而对农产品总产量产生影响；人口转移在一定程度上改善了农村人地关系，增进了农业生产的规模效应，对农产品播种面积产生了显著正向影响，从而促进了农产品总产量的增长。总体来看，农村劳动力流动对农业生产的影响日益显著，农村劳动力的不同流动对农业生产的影响程度与方式存在较大差异。②农产品供应具有较强的动态调节机制，其对农产品总产量、农产品平均产量、农产品播种面积的滞后变量均产生显著正向影响，这说明我国农业生产具有较强的正向累加效应，农业生产调节具有较强的惯性、路径依赖性。③农产品价格变量对农业生产具有显著正向影响，价格机制对农产品生产总产量、农产品平均产量、农产品播种面积均产生了较强的调节作用。④自然灾害及抗风险能力对农业生产具有重要影响，自然灾害对农产品总产量、平均产量均产生了显著负向影响，抗风险能力能够有效缓解自然灾害的影响，稳定农业生产。⑤农业政策对农产品的平均生产能力具有重要影响，能提高农产品产量。

第三，农村劳动力流动对我国农业生产要素配置结构产生了重要影响，对农业劳动投入产生了显著的负向影响，促进了耕地、机械与化肥对劳动的替代，但是农村劳动力不同流动方式的影响存在显著差异。本书通过详细考察农村劳动力流动背景下我国农业生产要素结构变动的特征，细致分析了农业生产投入结构、耕地利用结构与使用方式、农业劳动使用结构、农业机械利用结构与使用方式等，从总量层面测度了耕地、劳动、机械与化肥四个要素关系的变动，进而实证分析了农村劳动力流动对农业生产要素投入结构与要素替代关系等的影响。研究发现：①近十年来，我国农业生产要素投入结构发生了重大变化，农业从业人员不断下降，农业机械数量、化肥使用量均保持稳定增长，尤其是农用大中型机械数增长迅速。农业生产要素利用方式也发生了重大变化，农业生产结构发生了显著变化，劳动密集度较低的大田粮食作物生产面积增长迅速，其中玉米生产面积增长最为明显；农业劳动用工价格快速增长，主要农产品生产的劳动投入数量均呈现持续下降的趋势，而雇工数量并没有相应地增长，甚至出现一定程度的下降；农业生产中的物质与服务费用增长迅速，其中机械作业费用的增长最为明显，农机服务的外包、专业化趋势增强；土地成本出现了快速增长，但从土地成本的两部分构成来看，自营地折租增长较快，而流转土地租金增长非常缓慢，而且数值非常低，这说明农村土地流转程度与规模仍相对较小。②随着农村劳动力流动规模扩大，农村劳动力流动对粮食生产的影响远远超过了刘易斯的无限供给阶段。从农业生产投入要素对农业生产的影响分析来看，劳动对粮食生产的影响具有较强的贡献；耕地对粮食生产的影响相对较弱，但其边际影响效应存在增长趋势，但是机械投入增加对缓解耕地的边际产出递减效应具有正向作用；农业机械对粮食生产的直接贡献较弱，且农业机械对粮食生产的边际产出贡献影响也为负；化肥投入对粮食生产具有负向影响，但表现出一定的边际递减作用。从耕地、劳动、机械、化肥四大要素替代弹性的变动来看，耕地与劳动的替代弹性较大，机械、化肥与劳动的替代弹性均较小，而且这样的特征出现增强的趋势。③农村劳动力流动对农业生产要素关系的变动产生了重要影响，但农村劳动力不同流动方式的影响差异较大。农村人口迁移变量对耕地与劳动的替代弹性、机械与劳动替代弹性产生了显著影响，而非农就业变量对机械与劳动替代弹性、化肥与劳动替代弹性产生了显著影响。综合来看，农村劳动力流动对我国农业生产要素配置结构产生了重要影响，对农业劳动投入产生了显著负向影响，促进了耕地、机械与化肥对劳动的替代。当然，在现代农业发展中，农业生产投入要素之间的关系越来越紧密，它们之间不是简单的替代与被替代，它们之间相互影响、相互制约，一种要素效用的提高，必须建立在其他要素效用提高的基础上，这样有效地组合，才能促进农业生产率的提高与农业的发展。

第四，农村劳动力促进技术改进型的农业技术进步，对农业技术效率的作用并不显著，甚至产生了一定负向影响。在我国农业资源刚性约束、农村劳动力锐减的情况下，我国农业持续增长的根源在于农业技术进步。本书围绕农村劳动力流动与农业技术进步的变动关系展开研究，分别从单要素产出率与全要素生产率角度，测度了我国农业生产效率的变动，进而实证分析了农村劳动力流动对农业生产效应的影响及产生的机理。研究结果显示：①从单要素的产出率变动来看，不同要素的产出率差异较大，耕地产出率、劳动产出率与种子产出率出现了相对稳定的增长趋势，而机械与化肥产出率出现了一定的下降。②我国农业技术进步具有较强的技术改进型特征，农业生产率增长主要是由技术变动引起的，而技术效率相对较低、增长缓慢。2001～2010 年，我国粮食生产率指数的平均增长率为 3.4%，其中技术变动指数增长率为 3.1%，而技术效率指数平均增长率仅为 0.3%。从三大地区农业生产效率的差异来看，东部、中部、西部三大地区农业技术进步差异明显，东部地区农业技术进步最快，西部地区次之，中部地区最低。东部地区农业技术进步增长速度较快主要是由农业技术变动引起的，中部地区农业技术进步是由技术变动和效率提高共同引起的，不过西部地区农业技术进步较慢。③农村劳动力流动变量对农业生产效率产生了重要影响，农村劳动力流动促进了技术改进型农业技术的进步，而对农业技术效率、规模效益影响较弱，但不同变量影响程度的差异较大，农村人口迁移对农业技术进步具有一定促进作用，而非农就业与农业技术进步却呈现一定的负向关系。在农村人口规模仍较大的情况下，在很长一段时间内，一大部分农村人口的主要从业方式是半工半农，在这样的形势下，非农就业与农业技术进步的负向关系也反映了不同农业从业人员对农业技术采用行为的差异，这可能对农业技术进步产生不利影响。

综合来看，为什么农村劳动力流动会对农业生产产生显著的影响？根本原因在于我国农村劳动力流动规模已经超过刘易斯无限供给阶段，农村劳动力流动的约束条件、农业劳动投入的机会成本发生了巨大改变，从而使得农村劳动力流动对农业生产要素配置结构（包括耕地利用结构、机械与化肥使用结构、劳动投入结构等）产生了显著影响。随着我国农村劳动力流动程度提高，雇佣劳动工价与自用劳动工价均快速增长，农业劳动力机会成本显著增长，农业劳动用工数量快速下降，这都促使农业生产要素配置结构发生了显著变动，尤其是促进了劳动密集度低作物的生产、强化了机械与化肥对劳动的替代，从而使得粮食作物生产面积持续增长、粮食作物生产结构发生较大变动、大型农业机械数量快速增长。由于我国粮食生产结构调整的突出特征是玉米生产面积增长、大豆生产面积下降，而玉米单产远高于大豆单产水平，所以生产结构调整必然促进粮食单产总体水平的提高，即具有显著的生产结构调节效应。此外，我国农业技术进步具有较强的技术改进型特征，从农村劳动力不同流动方式的影响来看，由于农村人口迁移在某种程度上促进了农业生产规模的扩大，这能够提高农业生产经济效益对农民的刺激作用，所以研究结果显示：农村人口迁移对农业技术进步具有一定正向促进作用。同时，我们也注意到非农就业与农业技术进步呈现负向关系。

我们回到本书开头提到的问题，为什么农业劳动力不断外流的情况下我国粮食产量能够实现持续增长？主要原因包括四个方面：一是粮食生产面积的稳定增长，对劳动力产生了较强的替代作用；二是生产结构尤其是粮食作物内部生产结构发生了较大变动，具有较强的生产结构调节效应；三是农业技术进步，尤其是农业新品种的开发与推广，对粮食单产水平提高发挥了显著的技术推动作用；四是机械与化肥等物资资本投入相对稳定，并有所增长，尤其是大型农机服务的快速发展，促进了农机服务的外包，在一定程度上弥补了劳动投入的不足。

8.2 政策建议

在农村劳动力流动的自由化趋势日益显著、粮食市场化改革不断推进的形势下，只有充分考虑农民生产选择行为、优化农业生产政策，才能将农民收入增长、农业增产与农业发展有效结合起来。在农村劳动力流动性日益增强的形势下，为实现我国农业发展、粮食稳定增产，应充分考虑到农村劳动力流动带来的影响，尤其是对我国农业生产经营方式、农业生产要素结构、农业技术进步的影响，进一步明确我国农业发展尤其是农业技术进步面临的约束，才能有效避免农业生产投入动力不足、劳动投入快速下降等产生的不利影响。为此，应进一步完善农村劳动力流动政策、加快农村土地市场建设、健全农业生产支持政策等。

第一，加快劳动力市场一体化进程，引导劳动力有序流动。随着城乡二元经济结构的改善，劳动力流动环境得到较大改善，但依然存在着城乡收入差距拉大、劳动力市场分割等问题，这不但制约着劳动力利用效率，还制约着粮食生产的规模化、专业化发展，进而影响农业生产。研究结果显示，劳动力的非农就业对粮食生产具有较强的负向影响，与此相反，农村人口迁移却对农业生产具有较强的促进作用，因此在经济快速发展与经济结构转型过程中，应加快劳动力市场一体化进程，引导劳动力有序流动，不断促进农业生产专业化、规模化。在农村劳动力流动的过程中，需要建立吸引人才的机制，鼓励高素质的、年轻力壮的人才从事农业生产，提高劳动力专业技术能力。在农村大力发展第三产业，转移一部分只能从事简单农业生产的劳动力。农村现有的部分剩余劳动力缺乏专业技能、体能等素质，他们只能依靠传统的农业生产获得收入。政府通过发展适合这部分劳动力转移的第三产业，可以使得这部分劳动力转移出去，解决剩余劳动力未就业问题。

第二，健全土地流转制度，提升农业生产规模效应。研究结论显示：耕地的边际产出比较低，说明土地的利用率太低，没有发挥土地规模效应，致使其他农业生产投入要素难以发挥应有的作用。农业生产投入要素之间的关系越来越紧密，它们之间不是简单的替代与被替代，它们之间相互影响、相互制约，一种要素效用的提高，必须建立在其他要素效用提高的基础上，这样有效地组合，才能促进农业生产率的提高及农业的发展。在土地实现规模化后，大型机械设备才可以提高利用率。不过在土地与耕地发挥效应的同时，也需要优质的劳动力做支持。在劳动力流动不断增强的趋势下，稳定农业生产、实现农业增产的关键在于提高土地利用效率，因此在切实保护有限耕地资源的前提下，应尽快健全土地流转制度，依托土地的合理流转，加快粮食生产的规模化、专业化进程，不断增强粮食生产规模效应。

第三，完善农业生产支持政策，依托经济效益的提高促进农业发展。从粮食供给反应模型的结果来看，价格对粮食生产仍具有显著的影响，价格调节机制是政府实现农业生产支持的重要政策工具，是提高农民的农业生产积极性、稳定农业生产的重要手段。而且从粮食生产结构的变动来看，玉米与大豆生产结构的变动在很大程度上也是由于经济效益差异的结果。从而我们可以看出，农业生产的经济效益刺激作用仍是非常明显的。在市场化条件下、国际经济一体化日益增强的形势下，应进一步完善农业生产支持政策，尤其是健全农产品价格支持政策，依托经济效益促进农业发展。在开放的经济条件下，应尽快健全农产品价格形成机制，完善农产品价格支持政策。健全市场化的农产品价格形成机制。尽快实现农产品价格形成机制的市场化转换，突破农产品价格行政管理体制的束缚，为农产品市场运行机制创造条件。

第四，加快农业生产技术进步步伐，提高农业综合生产能力。通过实证分析发现，农业技术改进对农业增产具有非常重要的作用，也是推动粮食单产持续增长的主要动因。在劳动力流动性不断增强的趋势下，实现农业发展的重要途径是加快农业生产技术进步的步伐，尤其是加快农民对新品种及新技术的采用频率，不断提高农业综合生产能力。为此，应尽快健全农业技术创新、推广与应用等政策，推进农业技术持续发展，这包括加快农业技术市场体系建设，提高农业科技创新动力与转化效率；构建多层次的农业技术推广体系，增强基层组织的推广动力与提高推广效率；加强对农民技能的教育与培训，提高农民对新品种及新技术采用的动力，依托技术进步提高粮食综合生产能力。

第五，加强农业专业服务组织发展，全面改善农业生产条件。在短期难以改变我国农业生产的小农经济特征的情况下，既需要解决劳动投入下降的问题，也需要解决农业生产细碎化导致的经济效益低下问题。应尽快推进农业专业服务组织的发展，通过农业生产环节服务外包的形式，促进农业经营的专业化、规模化发展；尤其要促进专业农机服务组织、专业生产经营组织、专业农产品营销组织等的发展。此外，随着各类自然灾害的频繁发生，自然灾害对农业生产具有严重影响，应依托农业基础建设等，全面改善农业生产条件，提高农民的综合抗风险能力。应充分认识农业基础设施建设的重要性，加强农业基础设施建设的投资力度，尤其是加快农业基本农田改造及基础水利设施建设，提高农业抵御自然灾害的能力。

参考文献

［1］ Adams, R. H. J. , Alfredo, C. Remittances. Household Expenditure and Investment in Guatemala ［J］. World Development, 2010, 38 （11）.

［2］ Azam, J. P. , Gubert, F. Those in Kayes：The Impact of Remittances on Their Recipients in Africa ［J］. RevueEconomique, 2005, 56 （6）.

［3］ Beaudouin, P. Economic Impact of Migration on a Rural Area in Bangladesh ［J］. University of Paris, 2006.

［4］ C. Dustmann, O. Kirchkamp. The Optimal Migration Duration and Economic Activities after Return Migration ［J］. Journal of Development Economics, 2002 （67）：351 – 372.

［5］ de Brauw A. , Rozelle, S. Household Investment through Migration in Rural China ［J］. China Economic Review, 2008, 19 （2） : 320 – 335.

［6］ de Brauw A. Seasonal Migration and Agriculture in Vietnam ［J］. ESA Working Paper, 2007 （4） .

［7］ Durand J. , Kandel W. , Parrado E. A. Massey, D. S. International Migration and Development in Mexican Communities ［J］. Demography, 1996, 33 (2).

[8] Elizaeth Croll, Huang Ping. Migration for and Against Agriculture in Eight Chinese Villages [J]. The China Quarterly, 1997: 128 – 461.

[9] F. Wouterse, J. Taylor. Migration and income diversification: Evidence from Burkina Faso [J]. World Development, 2008, 36 (4) : 625 – 640.

[10] J. Edward Taylor, Joaquin Arango, Graeme Hugo, Ali Kouaouci, Douglas S. Massey, Adela Pellegrino. International Migration and Community Development [J]. Population Index, 1996, 62 (3): 397 – 418.

[11] Kuiper M. Village Modeling: A Chinese Recipe for Blending General Equilibrium and Household Model [D]. The Netherlands: Wageningen University, 2005.

[12] Ma, Zhongdong. Urban Labor – force Experience as a Determinant of Rural Occupation Change: Evidence from Recent Urban – rural Return Migration in China [J]. Environment and Planning A, 2001 (33).

[13] Mendola M. Migration and Technological Change in Rural Households: Complements or Substitutes [J]. Journal of Development Economics, 2008, 85 (1).

[14] Mendola. Migration and technological change in rural households: Complements or substitutes? [J]. Journal of Development Economics, 2008 (85): 150 – 175.

[15] Miluca J., Carletto G. The Vanishing Farms? The Impact of International Migration on Albanian Family Farming, World Bank Policy Working Paper, 2007 (4367).

[16] Mochebelele, M. T. and Winter – Nelson, A.. Migrant Labor and Farm Technique Efficiency in Lesotho [J]. World Development, 2000, 28 (1).

［17］ Nichols, S. . Technology Transfer through Mexican Migration ［J］. Grassroots Development, 2004, 25, （1）.

［18］ Oberai, A. S. and Singh, H. Migration, Production and Technology in Agriculture: A Case Study in the Indian Punjab ［J］. International Labor Review, 1982, 121 （3）.

［19］ Quisumbing, A. R. , McNiven, S. Moving Forward, Looking Back: The Impact of Migration and Remittances on Assets, Consumption and Credit Constraints in Rural Philippines ［J］. ESA Working Paper, 2007 （5）.

［20］ R. Adams. Remittances, investment and rural asset accumulation in Pakistan ［J］. Economic Development and Cultural Change, 1998, 47 （1）: 155 – 173.

［21］ R. Mines Janvry. Migration to the United States and Mexican rural development: A case study ［J］. American Journal of Agricultural Economics, 1982, 64 （3）: 444 – 454.

［22］ Rozelle S. , Taylor J. E. , de Brauw A. Migration, remittances and agricultural productivity in China ［J］. American Economic Review, 1999, 89 （2）: 287 – 291.

［23］ Stark O. , Bloom O. E. The new economics of labor migration ［J］. American Economic Review, 1985, 75 （2）: 173 – 178.

［24］ Stark, O. The migration of labor ［M］. Cambridge: Blackwell, 1991.

［25］ Taylor, J. Edward, Rozelle, Scott, de Brauw. Migration and Incomes in Source Communities: A New E – conomics of Migration Perspective from China ［J］. Economic Development and Cultural Change, 2003, 52 （1）.

［26］ Taylor, J. E. , Yunez – Naude, A. Education, Migration and

Productivity [J]. Development Center Studies, OECD, 1999.

[27] Taylor, J. E. and Yunez – Naude, A. The Returns from Schooling in a Diversified Rural Economy [J]. American Journal of Agricultural Economics, 2000, 82 (2).

[28] Wouterse, F. S. Migration and Technical Efficiency in Cereal Production: Evidence from Burkina Faso, IFPRI Discussion Paper, 2008 (815).

[29] Wu, Harry X. and Xin Meng. Do Chinese Farmers Reinvest in Grain Production? [J]. China Economic Review, 1997, 7 (2): 123 – 134.

[30] Wu, H. X. and Xin Meng. The Impact of the Relocation of Farm Labour on Chinese Grain Production [J]. China Economic Review, 1997b, 7 (2).

[31] Yilma T., Berg E. and Berger T. The Agricultural Technology – market Linkage under Liberalization in Ghana: Evidence from Micro Data [J]. Journal of African Economies, 2008, 17 (1).

[32] 蔡昉, 王德文. 作为市场化的人口流动——第五次全国人口普查数据分析 [J]. 中国人口科学, 2003 (5): 11 – 19.

[33] 蔡银寅, 杜凯. 资本投入、劳动力转移和农业经济增长 [J]. 产业经济研究, 2009 (3): 1 – 8.

[34] 曹光乔, 周力, 易中懿, 张宗毅, 韩喜秋. 农业机械购置补贴对农户购机行为的影响——基于江苏省水稻种植业的实证分析 [J]. 中国农村经济, 2010 (6).

[35] 陈风波, 丁士军. 农村劳动力非农化与种植模式变迁——以江汉平原稻农水稻种植为例 [J]. 南方经济, 2006 (9).

[36] 陈慧萍, 武拉平, 王玉斌. 补贴政策对我国粮食生产的影响——基于 2004 ~ 2007 年分省数据的实证分析 [J]. 农业技术经济,

2010（4）：100－106.

［37］陈建梅．农业生产资料投入对粮食作物产出影响因素的相关验证分析［J］．经济研究导刊，2009（23）：32－35.

［38］陈开军，贺彩银，张永丽．剩余劳动力转移与农业技术进步——基于拉－费模型的理论机制与西部地区八个样本村的微观证据［J］．产业经济研究，2010（1）：1－9.

［39］陈梦华，杨钢桥．农户耕地投入的影响因素分析——以江汉平原为例［J］．华中农业大学学报（社会科学版），2010（2）：90－94.

［40］封进，张涛．农村转移劳动力的供给弹性——基于微观数据的估计［J］．数量经济技术经济研究，2012（10）：69－82.

［41］郭剑雄，李志俊．劳动力选择性转移条件下的农业发展机制［J］．经济研究，2009（5）：31－42.

［42］郭剑雄，鲁永刚．劳动力转移、物质资本深化与农业产出增长［J］．延安大学学报（社会科学版），2011（4）：58－62.

［43］何爱．诱致性技术、制度创新与战后菲律宾农业发展［D］．厦门大学，2009.

［44］何蒲明，黎东升，王雅鹏．粮食产量与价格波动的相互关系研究［J］．经济经纬．2010（1）：115－118.

［45］何静．劳动力流动与农村人力资本投资的相关关系实证研究——以湖北为例［J］．生产力研究，2012（4）：51－53.

［46］胡冰川，吴强，周曙东．粮食生产的投入产出影响因素分析——基于江苏省粮食生产的实证研究［J］．长江流域资源与环境，2006（1）：71－76.

［47］胡瑞法，冷燕．中国主要粮食作物的投入与产出研究［J］．农业技术经济，2006（3）：2－8.

［48］胡雪枝，钟甫宁．农村人口老龄化对粮食生产的影响——基

于农村固定观察点数据的分析 [J]. 中国农村经济, 2012 (7): 29 - 39.

[49] 亢霞. 中国农业生产结构调整的动力机制研究 [D]. 中国农业大学, 2005.

[50] 李放歌, 葛家麒, 孟军. 基于层次分析积因子法排序农业生产结构影响因素权重 [J]. 农机化研究, 2011 (7): 54 - 56.

[51] 李谷成, 冯中朝, 占绍文. 家庭禀赋对农户家庭经营技术效率的影响冲击——基于湖北省农户的随机前沿生产函数实证 [J]. 统计研究, 2008 (1).

[52] 李强, 毛学峰, 张涛. 农民工汇款的决策、数量与用途分析 [J]. 中国农村观察, 2008 (3).

[53] 李小军, 李宁辉. 中国农业生产结构变动的实证分析 [J]. 农业经济问题, 2004 (8): 45 - 50.

[54] 刘承芳, 张林秀, 樊胜根. 农户农业生产性投资影响因素研究——对江苏省六个县市的实证分析 [J]. 中国农村观察, 2002 (4).

[55] 刘克春. 粮食生产补贴政策对农户粮食种植决策行为的影响与作用机理分析——以江西省为例 [J]. 中国农村经济, 2010 (2): 12 - 21.

[56] 刘帅, 钟甫宁. 实际价格、粮食可获性与农业生产决策——基于农户模型的分析框架和实证检验 [J]. 农业经济问题, 2011 (6): 15 - 20, 110.

[57] 龙方, 杨重玉, 彭澧丽. 粮食生产波动影响因素的实证分析——以湖南省为例 [J]. 农业技术经济, 2010 (9): 97 - 106.

[58] 陆文聪, 梅燕, 李元龙. 中国粮食生产的区域变化: 人地关系、非农就业与劳动报酬的影响效应 [J]. 中国人口科学, 2008 (3): 20 - 29.

［59］罗芳，鲍宏礼．农业机械化与农村剩余劳动力转移的关联度分析［J］．湖北农业科学，2010（5）：1263－1266.

［60］罗锋．基于 Nerlove 模型的中国粮食供给反映研究［J］．佛山科学技术学院学报（社会科学版），2009（9）：36－38.

［61］罗万纯，刘锐．中国粮食价格波动分析：基于 ARCH 类模型［J］．中国农村经济，2010（4）：31－37.

［62］罗孝玲．基于粮食价格的我国粮食安全问题研究［D］．中南大学，2005.

［63］马忠东，张为民，梁在，崔红艳．劳动力流动：中国农村收入增长的新因素［J］．人口研究，2004（3）.

［64］毛隽．中国农村劳动力转移研究——基于制度变迁视角［D］．复旦大学，2011.

［65］梅燕．中国粮食供求区域均衡变化研究：模型构建与模拟分析［D］．浙江大学，2008.

［66］欧阳慧．改革开放三十年我国农村劳动力转移政策演变路径［J］．宏观经济研究，2010（23）：14－17.

［67］彭大雷，黄利民，刘成武，余鹏．农业劳动力规模和结构变化及其对粮食生产的影响——基于随州市银山坡村农户调查［J］．安徽农业科学，2010（33）：19192－19196.

［68］彭定，陈志平．劳动力流动对我国城乡收入差距影响分析［J］．武汉理工大学学报，2009（19）：164－167.

［69］钱文荣，郑黎义．劳动力外出务工对农户农业商品化率的影响——基于江西省四个县农户调研的实证分析［J］．南方人口，2010（4）.

［70］钱文荣，郑黎义．劳动力外出务工对农户农业生产的影响——研究现状与展望［J］．中国农村观察，2011（1）：31－40.

［71］邵鲁．我国粮食供求、价格波动与安全问题的实证分析

[D]. 吉林大学，2009.

[72] 沈坤荣，余吉祥. 农村劳动力流动对中国城镇居民收入的影响——基于市场化进程中城乡劳动力分工视角的研究 [J]. 管理世界，2011（3）：58-65.

[73] 石慧. 中国省际间农业生产率差异及技术溢出效应研究 [D]. 南京农业大学，2009.

[74] 孙文华. 小农分化、农业生产资源配置差异与政策涵义 [D]. 南京农业大学，2009.

[75] 孙文凯，白重恩，谢沛初. 户籍制度改革对中国农村劳动力流动的影响 [J]. 经济研究，2011（1）.

[76] 王雅俊，王书斌. 广东省农业技术偏向与劳动力调整的定向分析 [J]. 中国人口资源与环境，2011（1）：115-120.

[77] 吴玉鸣. 中国区域农业生产要素的投入产出弹性测算——基于空间计量经济模型的实证 [J]. 中国农村经济，2010（6）：25-38.

[78] 徐会奇，王克稳，李辉. 基于省际面板数据的中国农业技术进步贡献率的测算分解 [J]. 经济科学，2011（1）：25-36.

[79] 徐珍源. 微观因素的变动对粮食生产波动影响的实证分析 [J]. 南京财经大学学报，2009（5）：21-26.

[80] 杨春. 中国主要粮食作物生产布局变迁及区位优化研究 [D]. 浙江大学，2009.

[81] 杨钢桥，彭钱英. 市场价格对农户耕地流动资本投入的影响分析 [J]. 地域研究与开放，2010（12）：129-133.

[82] 杨戈. 中部六省农业生产结构市域分异探究 [J]. 中国农业资源与区划，2009（6）：11-17.

[83] 尹文静，王礼力. 农民生产投资的影响因素分析——基于监督分组的主成分回归分析 [J]. 农业技术经济，2011（2）：19-26.

[84] 应瑞瑶，马少晔. 劳动力流动、经济增长与城乡收入差

距——基于 1993—2007 年重新估算的面板数据［J］. 南京农业大学学报（社会科学版），2011（2）：63 – 71.

［85］曾福生，戴鹏. 粮食生产收益影响因素贡献率测度与分析［J］. 中国农村经济，2011（1）：66 – 76.

［86］曾靖，常春华，王雅鹏. 基于粮食安全的我国化肥投入研究［J］. 农业经济问题，2010（5）：66 – 71.

［87］展进涛，陈超. 劳动力转移对农户农业技术选择的影响——基于全国农户微观数据的分析［J］. 中国农村经济，2009（3）.

［88］张红富，周生路，吴绍华，郑光辉，花盛，李莉. 江苏省粮食生产时空变化及影响因素分析［J］. 自然资源学报，2001（2）：319 – 328.

［89］张金萍，秦耀辰. 县域粮食单产及其生产投入因素的空间异质性——以河南省为例［J］. 自然资源学报，2011（3）：373 – 382.

［90］张蕾，陈超，展进涛. 农户农业技术信息的获取渠道与需求状况分析——基于 13 个粮食主产省份 411 个县的抽样调查［J］. 农业经济问题，2009（11）.

［91］张治华，袁荣. 我国粮食生产对价格及非价格因素的反映［J］. 农业科学研究，2007（12）：76 – 79.

［92］赵蕾. 公共投资对农业生产率和非农就业的影响研究［D］. 南京农业大学，2007.

［93］赵芝俊，袁开智. 中国农业技术进步贡献率测算及分解（1985—2005 年）［J］. 农业经济问题，2009（3）：28 – 37.

［94］赵芝俊，张社梅. 近 20 年中国农业技术进步贡献率的变动趋势［J］. 中国农村经济，2006（3）：4 – 13.

［95］朱贵云. 劳动力转移下的中国农业经济增长——基于1986 ~ 2005 年的经验证据［J］. 华中师范大学研究生学报，2008（10）：102 – 106.

［96］朱健. 对我国粮食供给影响因素的分析——基于劳动力流动下农民粮食生产收益的视角［J］. 经济纵横，2009（3）：80 – 82.

［97］钟甫宁，纪月清. 土地产权、非农就业机会与农户农业生产投资［J］. 经济研究，2009（12）：43 – 51.

［98］封进，张涛. 农村转移劳动力的供给弹性——基于微观数据的估计［J］. 数量经济技术经济研究，2012（10）：69 – 82.

后　记

　　本书是教育部人文教育部人文社会科学基金项目"农村劳动力流动、生产要素重配与农业供给反应机制研究"（项目编号：17YJC790214）的阶段性成果。在农村劳动力流动性日益增强的背景下，本书重点研究农村劳动力流动对农业生产要素配置结构的冲击，研究农村劳动力流动条件下农业供给反应机制和农业支持政策面临的约束及实现条件，进而探索农村劳动力流动趋势下提高农业生产效率、促进农业改革与发展的建议。

　　本书的完成及出版要特别感谢南京农业大学王怀明教授，感谢金陵科技学院商学院领导和同志的支持，感谢经济管理出版社曹靖博士和其他编辑耐心细致的审阅。全书共八章，在撰写的过程中部分章节得到了众多同仁的大力支持，南京财经大学李光泗博士参与第三章部分内容的组稿，在此表示感谢。

　　由于理论基础和研究水平有限，书中可能有许多错误和不足之处，恳请专家学者批评指正。

朱丽莉

2018 年 10 月于南京